U0102457

新——悦

遇见智识与思想

文化的演进

［意］路易吉·卢卡·卡瓦里·斯福尔扎作品

（Luigi Luca Cavalli Sforza）

石豆　译

L'EVOLUZIONE DELLA CULTURA

中国社会科学出版社

图字：01-2017-7012号

图书在版编目（CIP）数据

文化的演进／（意）路易吉·卢卡·卡瓦里·斯福尔
扎著；石豆译. —北京：中国社会科学出版社，
2018.7
ISBN 978-7-5203-2390-1

Ⅰ. ①文… Ⅱ. ①路… ②石… Ⅲ. ①文化人类学－
研究 Ⅳ. ①C912.4

中国版本图书馆CIP数据核字（2018）第079069号

L'evoluzione della cultura

© 2016 Codice edizioni, Torino

The simplified Chinese translation rights arranged through Rightol Media
（本书中文简体版权经由锐拓传媒取得 Email:copyright@rightol.com）

出 版 人	赵剑英
项目统筹	侯苗苗
责任编辑	侯苗苗
责任校对	周晓东
责任印制	王 超

出 版	中国社会科学出版社
社 址	北京鼓楼西大街甲 158 号
邮 编	100720
网 址	http://www.csspw.cn
发 行 部	010-84083685
门 市 部	010-84029450
经 销	新华书店及其他书店

印刷装订	环球东方（北京）印务有限公司
版 次	2018 年 7 月第 1 版
印 次	2018 年 7 月第 1 次印刷

开 本	880×1230	1/32
印 张	8	
字 数	173 千字	
定 价	59.00 元	

译 序

《文化的演进》一书的作者路易吉·卢卡·卡瓦里·斯福尔扎是享有世界声誉的意大利遗传学家、人类学家、历史学家，斯坦福大学名誉教授，意大利共和国"大十字骑士勋章"获得者。

本书第一版于 2004 年在意大利出版发行，并于 2005 年获得意大利第三届"Merck Serono"科学类文学奖。2016 年本书再版，在原有的基础之上增加了全新的章节。2017 年中国社会科学出版社引进本书，委托我作为译者，我深感荣幸。

文化的历史，说到底是人类的历史。只有了解人类的进化史和迁移史，才能够真正地认识文化。人类是"文化的动物"，但我们并不是唯一"有文化"的动物，人们在一些哺乳动物和鸟类中也观察到了文化现象。但是，人类拥有一个任何其他动物都不具备的能力，即传播文化和推动文化演进的能力。这种能力得益于人类拥有一件强大工具——"语言"。正是凭借语言，人类得以把知识世代相传，让知识能够在时间和空间中累积，形成文化。

本书基于生物进化理论，类比文化的演进，为读者打开了认识人类文化的全新视角。作者认为，生物进化和文化演进之间存在根本上的差别：人类繁衍一代的时间需要 20—30 年，而借助现代通信工具，文化的传播能够在顷刻间完成；然而，两种机制也存在着深刻的相似性：生物进化中突变、自然选择、迁移、传播以及漂变等机制，均在文化的演进中发挥着作用。

在作者看来，基因和文化是相互影响、共同演进的。在人类进化早期，基因对文化起到了决定性作用：人类强大的"语言"能力，正是基因突变，或者说进化带来的结果。10万—20万年前生活在东非的现代人祖先，正是凭借这种能力才得以"走出非洲"，最终征服整个地球。而人类的灵长类近亲，如黑猩猩，却没能进化出能够产生语言的器官。文化也会反过来影响基因。进入农牧经济时代后，人类饮食结构的改变，也带来了遗传学上的变化。一个典型的例子是，不同地区人群之间存在着显著的肤色差异。这是因为作为人类主食的麦子中，缺乏一种合成维生素 D 必要的酶，而这种酶只能在紫外线照射下才能被激活。非洲人的黑色皮肤是由于黑色素累积形成的，它能够保护皮肤不受紫外线的危害。在阳光越强烈的地方，人的肤色就会越深；随着纬度的升高，黑色素沉积就会减少，肤色也就会越来越浅。

本书从遗传学家的视角，讲述了人类伟大的迁移史、人类基因的秘密以及基因与文化的深刻互动和相互影响，为读者呈现了一幅宏大的人类文化演进的历史画卷。所有这些内容会帮助我们重新认识种族差异、文化差异以及人类本身。

用作者的话来说，这是一本"小册子"，但却是一本密度极高的小册子；它融合了作者数十年在遗传学、人类学、考古学和语言学之间对比研究得出的科学结论，是一本学术价值很高的科普类作品。写作本书时，作者并未加任何脚注或尾注。但考虑到本书客观的专业性和跨学科性，我为文中的一些专业术语、重要概念和人名等增加了译注，以方便读者理解和进一步查阅文献。因此，书中标注皆为译注，特此说明，后文不再标注。

本书从意大利语原文翻译而来。意大利语和汉语是差别巨大的两种语言。翻译时，我尽力忠实原文，并使用易于读者接受的文字，避免语言西化。翻译期间，我得到了诸多亲友的帮助，在此要特别感谢我的妻子王雅婷，她给了我巨大的支持；还要感谢我的意大利同事 Roberto Parcu 和好友 Silvia Caputo，他们从意大利语角度，对译文提供了宝贵的专业意见；最后，感谢中国社会科学出版社的信任和侯苗苗副编审的悉心编辑。

本书虽是一本小册子，但专业性很强，译文可能有不妥之处，还望专家与读者雅正。

石豆

2018 年 2 月 4 日于南开大学

| 前　言 |

　　《文化的演进》的第二版在之前的基础上进行了一些修订，主要增加了一部分全新的章节，位于整本书的中间位置（第9—15章），使得内容更加丰富。新增章节基于生物与文化相互影响的最新研究成果写成。2004年本书第一版发行，是在《意大利文化》[1]一书的启发下，写下的一些思考。后者则是一部百科全书式丛书（体量巨大，共12册）。UTET出版社[2]超凡的工作效率，使这套丛书如今已经接近完稿。在此，我要感谢维多利奥·波（Vittorio Bo）、泰尔默·皮瓦尼（Telmo Pievani），以及许多其他朋友，有了他们的鼎力相助，这本小册子和《意大利文化》才得以出版。

　　正如文化人类学[3]中所定义的那样，这里的"文化"指的是**我们一生中获得的知识和所做行为的总和**。这两个要素（"知识"

---

[1]　《意大利文化》（意大利语书名：*La Cultura Italiana*）一书由本书作者 Luigi Luca Cavalli Sforza 主编，于2009年由本书同一出版社出版。是一部研究文化演进的跨学科、百科全书式的著作。全书共分成12册。

[2]　L'UTET，"Unione Tipografico-Editrice Torinese""都灵印刷出版联盟"首字母的缩写。创建于1791年，是意大利最古老的出版社之一。

[3]　文化人类学（意大利语：l'antropologia culturale；英语：cultural anthropology）是相对"体质人类学"而言的研究人类文化的科学。它研究整个人类文化的起源、成长、发展和进化的过程，并研究和比较各民族、各部族、各国家、各地区、各社会的文化异同，借以发现文化的普遍性及各种特殊的文化模式。（中外文化知识辞典）

和"行为")在生物遗传基础之上共同作用创造了文化，也就是说，DNA 所代表的遗传信息在影响着我们的发展，也影响着所有社会群体任何性质的、不计其数的个人联系及社会联系。遗憾的是，大部分报纸和一些周刊在它们的文化版面中，总是把兴趣局限在电影、小说和演出上。当然，这些内容也很重要，它们通过不同的方式，给人们的生活带来乐趣。但在人类发展过程中还有许多更为重要的方面，它们是 DNA 与文化复杂的相互作用带来的结果，而这也正是本书想要传达的观点。此外，我们还付出了特别的努力，使文中重要的科学概念和章节更易于理解。

|目　录|

| 第一章 |
文化和文化的演进

文化是知识与创新的总和。语言使文化成为可能。研究历史有助于我们理解当下和未来。文化的分离。种族主义。文化演进与生物进化。实验科学和历史科学。

"文化"一词有诸多含义，我们在这里采用最普遍的定义："文化是人类知识与创新的总和，它由人类创造，在群族内世代相传、广泛传播，不断影响并改变人类生活。"文化之所以能得以发展，是因为人类进化出了语言，从而使个体间能够进行交流。语言是人类特有的能力，在所有民族中平等地发展；是语言促进了人类社会的繁荣，使人口数量和人类的活动范围得以惊人扩张。在此过程中，各地语言之间不可避免地产生了差异，这也阻碍了各地区的直接沟通和相互理解。

文化的发展造就了我们如今的社会行为，这一过程大部分是在最近 10 万年间发生的。很有可能在 10 万年前，当时数量不多的人类祖先，发展出了我们今日所具备的交流能力。5000 年前人类发明了文字（意大利出现文字的时间约为 3000 年前），从而使文献得以长久保存。与传统口头传播信息的方式相比，通过文献我们可以更为精确地重塑历史，虽然也只能部分重塑；考古学则帮助我们收集文字发明前（即史前阶段）重要的历史片段。

我们从历史中学到的一切，都能帮助我们理解现在。据我们所知，史前历史经常是动荡且残酷的（有文字记录后的历史更是如此）。近几个世纪，人类的生存环境得到了改善，人类平均寿命的延长就是最好的证明。这种改变出现的时间并不长，并且仅限于部分人群。我们可以预见，学习历史能够指导人类现在和未来的活动，让其朝着更普世、生产力更高，尤其是危险性更小的方向发展。

如今，不同民族之间的文化高度分离。国与国之间严格的界限，使不同国家的文化保持（相对）独立。每个国家都经历了不同的发展，拥有不同的现状。即使在一个国家的内部，也存在着十分显著的文化差异。想要区分与独特行为相连的国家文化和地方文化（区域文化，指多个国家共有的文化，比如"库尔德文化"就为伊拉克、土耳其和伊朗所共有）并非难事，当我们有机会在国外生活较长一段时间，就会注意到或证实这些特点。这些行为中有一部分会随着时间的推移发生剧烈的改变，而有些则变化很小，几乎处于静止状态。我们接触的每一种文化都有各自的优点与缺点，正是这些特点将它们与我们自己的文化区别开来。随着近年来通信技术的高速发展，全球化的趋势越发势不可当，而这很有可能是一个不可逆的过程，注定会造成现存许多文化的消失。我们或许有时会对此感到宽慰，但更多的时候却是失落。人类想要避免文化消失，或至少使其能作为记忆保存下来。只要还存在现有的文化多样性，尝试重建和理解文化的历史就是十分重要的。但今天许多的文化差异，似乎不可避免地面临消失的风险。

目前，针对文化演进机制及一些特殊历史现象（比如，为什么在某些阶段文化保持稳定，而某些阶段则发生剧变）可靠的研究还较少。很长时间以来，普遍的研究趋势是，把在不同国家或不同文化中所观测到的行为差异，与生物遗传差异联系起来。这方面的研究在种族主义助推下发展到了顶峰，借以说服人们相信不同民族之间的经济、军事、政治发展的差异，是由先天不变的遗传所决定的。种族主义思想主要是在近两个世纪扩散开的。然而，数千年以来，随着人口的增长以及社会规模和复杂度的提升，已经形成了严格的社会经济分层，呈现出不同的社会等级或种姓，而这些又被用来当作区分人类高贵低贱的标尺。但这一切与近50年来人类在遗传学领域取得的研究成果是相悖的。不同民族之间，由于社会经济分层和交流障碍所导致的发展机遇的不平等，使人们极难对上述现象的看法达成一致。如果这些种族主义言论中真的存在一些真相的话，那就是，他们总是认为，自己的民族才是最高贵的民族。当然，宣扬种族主义也存在一些更为实际的动机，比如，想要维持社会习惯和社会关系，或提高民族自信心。

指导人类日常生活和社会关系的知识主要是技能或传统，因此能够被广泛学习。然而随着社会经济分工日益细化，不同工作领域的专业需求也变得不同。因此，不同人群学习并传承给后代的文化也产生了深刻的差异。对于从事不同领域智力活动的人群而言，自然存在个体素质上的差异，而这在某些特例中表现得尤为明显，如某些伟大的艺术家、文学家、科学家、政治家或发明家。至于遗传因素在这些少数伟大的天才人群中发挥了多大的作用，我们却不得而知。

撇开这些天才智力的因素，转而关注被人们忽视的造就天才的初始原因似乎更加有趣。一方面，这些天才中许多人出身卑微，且他们的祖先和后代也并没有展现出惊人的才智。这促使我们更加批判性地思考人们用简单的遗传学因素解释天才的原因。另一方面，基因影响着几乎所有的性状，但通常又很难将其产生的影响清楚地展现出来。基于目前用于区分遗传学影响和环境影响的标准研究方法，基因的影响常常被高估。使用上述方法研究家庭传承和教育，很难将遗传与社会文化教育区分开来。后一种因素在大多数天才家庭中显示出非常重要的影响，而在简单的量化评估中却未被谈及。

莫扎特无疑具有非凡的才智，他5岁时就能进行音乐创作。但可能没有人想过，如果他不是出生在一个音乐熏陶浓厚的奥地利家庭，而是出生在一个非洲的俾格米人[1]家庭，情况又会变得怎样。

事实上，天才是天资禀赋和有利的社会环境罕见精妙融合的结果，这种融合使他们能在所处的领域中做出极大的贡献。音乐的发展总是与少数人相关，他们具有非凡的影响力，并且持续处在所属领域的顶端。在几乎所有的艺术、科学、政治和历史领域中，也是同样的情况。恩斯特·贡布里希[2]（Ernst Gombrich）的《艺术史》[3]就是一个极好的例证。他指出，视觉艺术及其风格的演进，是由创新推动的，虽然许多创新的发明者我们并不知道他们是谁（贡布里希，2002）。如今我们开始更好地认识文化的演进和它跳跃式发展的过程。根据尼尔斯·艾尔德里奇[4]（Niles Eldredge）和史蒂芬·杰伊·古尔德[5]（Stephen Jay Gould）的"间断均衡"[6]的假设，

---

[1] 俾格米人（意大利语：pigmei；英语：Pygmies），分布在非洲赤道森林地区的人种。比邻近的班图人矮小得多。成年男性平均身高不过150厘米。过游牧生活，从事狩猎和采集。（麦克米伦百科全书）

[2] 恩斯特·贡布里希（Ernst Gombrich），英国艺术史学家与艺术理论家。

[3] 意大利语书名 La Storia dell'Arte，英语书名 The Story of Art 也译作《艺术的故事》。

[4] 尼尔斯·艾尔德里奇（Niles Eldredge），美国古生物学家。

[5] 史蒂芬·杰伊·古尔德（Stephen Jay Gould），美国古生物学家、演化生物学家、科学史学家与科普作家。

[6] 间断均衡论（意大利语：equilibri punteggiati；英语：punctuated equilibrium）又称间断平衡论，是关于生物与人类进化的新兴学说之一，相对于"系统渐变论"。该学说最早由美国学者艾尔德里奇与古尔德提出，至20世纪70年代后期趋于完善。鉴于古生物与古人类化石记录中缺少中间类型（渐变类型），间断均衡论认为，传统的系统渐变论存在重大的理论缺陷。该学说认为，生物与人类的进化实际上是分支进化的过程，进化中存在两种机制：快速的分支进化与随后的长期停滞，并由此形成间断。在这种进化中，旧物种只有一小部分能转化为新物种。新物种发生于旧物种群体地理分布的边缘地带，形成新群体以后侵入旧物种所在的中心地带，进而取代旧物种群体。间断均衡论认为，人类进化是该学说的最好例证之一。（社会科学大词典）

生物进化也是跳跃式的，但可能没有那么剧烈。

对文化现象及文化演进的科学研究能够成为现实。正如所有的科学研究第一步往往是描述性的，随后则致力于尝试对观察到的现象进行解释，并且提出理解和预测这些现象的假说。在一门实证科学中，这些假说的可靠性是通过新一轮的实验来验证的。基于这些新实验预测实验数据的能力，能够比较不同的假说。理想情况下，预测的结果是"量化的"，也就是说，假说能够被翻译成数学公式。正是伽利略在17世纪引入了这种创新研究方法，并据此建立起了"实验物理"（fisica sperimentale）。但他也因此遇到了麻烦，教会"不喜欢"这种发现真相的研究方式，因为这与那些写在古老的哲学宗教文本上的研究方法截然不同。所幸的是，我们的世界已经取得了长足的进步，伽利略的思想也在教皇的审判中幸存了下来：科学界不再听从亚里士多德，而且摒弃了对《圣经》逐字逐句的解释，从而创造了现代科学。

化学是继物理学之后，第一个采用量化科学研究方法的学科，它在18世纪下半叶迎来了充分的发展。19世纪初，生物学迎来了它的第一个重要理论：让-巴蒂斯特·拉马克[1]（Jean-Baptiste Lamarck）提出，"进化是为了适应环境"。1859年，达尔文对此提出了第一个理论解释，即"自然选择"理论。1865年，生物学迎来了它的第一个数学理论，即格雷戈尔·孟德尔[2]（Gregor

---

[1] 让-巴蒂斯特·拉马克（Jean-Baptiste Lamarck），法国博物学家。以其有关生物进化的学说而出名，尤其是关于获得性特征的遗传理论为世人所瞩目。

[2] 格雷戈尔·孟德尔（Gregor Mendel），奥地利遗传学家，天主教圣职人员，遗传学的奠基人。

Mendel）发现的生物遗传定律。

孟德尔的研究对于同时代的科学家而言太过超前，并不为世人所接受。直到 1900 年，一些欧洲的科学家再次发现了他的文章，并且证实了其可靠性。大约 12 年之后，一个由托马斯·亨特·摩尔根[1]（Thomas Hunt Morgan）领导的、来自纽约哥伦比亚大学的遗传学家团队，通过实验证实了染色体是遗传信息的载体。这些存在于每个活细胞内部的杆状物，在每个特定物种的生物体内，都拥有恒定的数目和形状。孟德尔定律及其限制从而得以被理解。对基因的研究从一开始就是十分量化的。20 世纪 20 年代，科学家甚至创立了生物遗传的数学理论。这一理论建立在达尔文自然选择的基础上，并将其视为进化的第一动因。之后，又通过对突变的实证研究（由赫尔曼·约瑟夫·马勒[2][Hermann Joseph Muller]领导，他是摩尔根团队的成员）和对其他少数如今已经为世人所熟知的进化因素的研究，使理论得以完善。

实验科学有一个巨大的优势，即实验结果的可能性是无限的。一个假说可能会被一些实验证实，但也会被其他的实验结果所推翻。因此，假说可以得到进一步的完善，直到最后建立起一个能够解释并且考虑到所有已知因素的理论。随着已知因素的增加，这一接近真相的理论还能够被慢慢地不断改进。此外，理论知识

---

[1] 托马斯·亨特·摩尔根（Thomas Hunt Morgan），美国遗传学家、现代遗传学之父，约翰霍普金斯大学博士。

[2] 赫尔曼·约瑟夫·马勒（Hermann Joseph Muller），美国遗传学家及教育家。他因发现 X 射线诱导突变而获得 1946 年诺贝尔生理学或医学奖。

通常是实际应用的"预报者",实际应用反过来又是理论知识最好的证明。人们可以怀疑地球围绕着太阳转,或者像卡洛·金兹堡(Carlo Ginzburg)一部著名历史小说里的主人公想象的那样,认为月球是一个带有小孔的圆形奶酪(金兹堡,1976),这种假设直到人类踏上月球之前都仍存在。在许多实验没有完成之前,人们可以怀疑 DNA 存在的真实性。而如今人类可以利用遗传学研究,精确修改 DNA,从而改变某一个特定遗传疾病的基因序列。可惜的是,这种治疗手段还远没有达到能够广泛使用的阶段。第一次将这种手段运用在人类身上的尝试,不得不因其潜在的风险而被迫放弃;然而,在动物身上的实验却证实了这一方法的可行性。最早的广播节目需要借助巨大的天线传输,并且还受限于微弱的、或长或短的信号。而仅仅一个世纪以后,我们却可以通过一部手机在任何时候与任何人交谈。

然而,有一些学科,从原理上就没有进行实验的可能,比如研究历史的学科。在天文学中,开展实验的可能性也很低,宇宙的起源可能会永远、至少会部分地保持它的神秘感。此外,在对星球历史的研究中,我们的认知能力也受到了巨大的限制。至于生物学,许多人仍在质疑进化是否真的存在。原因是宗教性质的:《圣经》在《创世记》的头几行中写道,上帝用七天的时间创造了世界。在推算时间上,《圣经》中还犯了一个与推算创世记时间相反的错误——许多主教的寿命似乎过长。或许"月"(或者另外一个时间单位"季")一词被替换成了"年"。不仅如此,上帝在第一周创造世界中"天"的用法,也可能是一种修辞,其实指的是

"纪元"。

尽管如此，七个不同的基督教宗派仍对《圣经》文本深信不疑，因此不相信进化。其中有一个宗派叫浸礼宗[1]，在美国南部分布尤为广泛。这个全世界最强大，同时也是科技最发达国家的总统，通常不允许就进化论发表言论，可能是害怕丢失选票，或者是由于科学常识不足（这是政客的通病）。天主教对进化论的审判也持续了一个世纪。幸运的是，随着观念的转变，生物进化的可能性已经被众人接受，甚至还出现了针对伽利略不公平待遇的"致歉游行"（虽然迟来了约400年）。

令人难以置信的是，一些生物学家也不相信进化论。原因几乎也都是宗教上的（在大多情况下都是无根据的），至少在意大利一些教派是排斥进化论的，比如摩门教、耶和华见证人以及其他的少数教派。伊斯兰教正变得越来越重要，由于对进化看法的分歧，伊斯兰教也分成了七支。

然而，即使宗教本身也是在进化的。在意大利，天主教虽然失去了一些曾在20世纪之前拥有的力量，但如今正变得日益强大。对于虔诚的天主教信徒来说，很重要的一点是，他们认识到教皇也相信进化论。希望意大利教育部部长也能认识到这一点，他曾试图在高中废除进化论的教学；或是意大利国家研究委员会（CNR）副主席，他曾使用委员会的资金，出版了一本"创造论"作者的书［盖伊·贝尔托《进化论：一个理论的终结》（Guy

---

[1]　浸礼宗，又称浸信宗（Baptists），基督教新教的一派。主张人须成年后受洗，受洗者须全身浸入水中。（麦克米伦百科全书）

Berthault, *Evoluzionismo: il tramonto di unipotesi*)]。

通常，文化演进是独立于生物进化的，因此，我们可以避开后者不谈。然而谈论生物进化却仍是必要的，主要有两个原因：第一，我们不能完全排除遗传学上的差异会对文化产生重要影响。这一点在人类和动物之间体现得尤为明显，两者最大的差异，无疑是基因的差异。实际上，人类变成了"文化的动物"，虽然动物中也存在文化，这一点我们在后文会继续探讨。第二个原因则更为重要，遗传学发展了生物进化理论，而这一理论是普遍性的，也适用于文化的演进。这一点我们在之后会进一步分析，因为生物进化理论对于任何能够自我复制的有机体而言都是适用的。因此，我们将会展示生物的进化，以及它如何指导我们发展出一个更加普遍的理论，在"针对具体情况作必要的更改"[1] 后，也适用于文化的演进。我们还会充分解释这两种演进之间巨大的差异：文化演进比生物进化的速度快很多，尽管在特殊环境下，文化演进的速度也可能是缓慢的。

需要注意的是，不要将上述论断与"基因完全控制文化"的论点相混淆，就像爱德华·奥斯本·威尔森[2]（Edward Osborne Wilson）所犯的错误那样：他曾尝试将上述概念扩展到人类身上。实际上，蚂蚁以及其他"社会性"昆虫，它们拥有比人类更加完美的社会性，能够做出令人难以置信的复杂而精妙的事，比如用

---

[1] 原文为拉丁语 "mutatis mutandis"，意为"针对具体情况作必要的更改"。

[2] 爱德华·奥斯本·威尔森（Edward Osborne Wilson），美国昆虫学家、博物学家和生物学家。他尤其以对生态学、进化论和社会生物学的研究而著名。

生产蜂蜜的蜂巢和地下菜园生产可食用的菌类。但这些活动实际上都是由基因决定的，是生物进化的结果，有两点可以证明：第一，这些活动存在已久，可以追溯到5000万年以前，并且几乎没有发生改变；第二，这些活动是在一段足够长的时间内发展出来的。从生物进化变慢的时刻起，这些在长时间保持不变的环境中所演化出的成功的行为，并不需要发生巨大的改变。

然而，人类基因决定文化的意思是，基因能够控制器官，从而使文化成为可能。尤其人类进化出了语言——这一人类所独有的能力，它是交流必要的基础。语言使"成功的行为"，能够在拥有相同生理器官去实践这种行为的同一物种内所有的个体和种群之间迅速传播。从这一点来看，文化独立于基因是很清楚的：文化甚至能够影响生物进化。当然从生物学扩展到文化，许多事情需要改变，我们从可以演进的事物开始看，即生物学上的DNA和文化中的观念。我们给特别的进化机制（基因和文化）起不同的名字，但是理论概念并不会改变。它们之间会有一些理论联系，是隐蔽却又深刻的。幸运的是，我们所需要的基础概念和专业术语并不多。无论是生物机制还是文化机制，它们都发展出了对环境的适应度。[1]虽然它们分属于不同领域，却展示出了相似之处，而这些将会帮助我们理解这两种进化机制。

---

[1]　适应度（fitness）亦称"达尔文适应度"，群体遗传学中的基本概念之一。基因型的适应度是指该基因型对该物种延续所做的相对贡献，可用携带这个基因型的个体所繁殖的存活到繁殖期的子女的平均数来测度。（数学辞海第四卷）

| 第二章 |
文化传播和文化演进

文化学习是文化传播现象。虽然至今对文化传播的研究还很有限，但研究文化传播有助于理解文化演进，正如对生物遗传的学习，促进了人们对生物进化的理解。"文化演进"表述的禁区。文化人类学研究的历史问题和现实问题。

本章我们关注的焦点是文化交流，包括文化学习、文化传播、文化的起源以及对创新的接纳。我们想把注意力集中在那些有助于更好地理解文化延续和文化演进的方面；有关文化机制的理论结构，即能够保存和发展前人所传递下来知识的各种机制，会简要论述。我们在一生中会从父母、亲戚、同伴、朋友、学校（前提是在有学校的地方。学校是近代发展的产物，并非每个地方都有，此外，世界各地的教育资源分布十分不均衡）、媒体、纷繁复杂的事件和教育中学习知识和经验。这些从整个社会获取的知识和经验，能够指导我们的行为和决策，帮助我们获得想要的东西，指导我们做出每一个具体的选择，让我们能认识并欣赏社会提供的表演、活动和娱乐，教会我们认识危险并去避免它们，从而使我们在能力所及范围内获得最大的满足。在此过程中，我们会发展出一些偏好。这些偏好会指导我们的行为，使我们在应对问题时，能够找到与他人不同的答案。此外，社会在不断变化，会出现许多新的创新和发明，这要求人们学习新的知识和经验，采取新的行为和决策。所有这些维持文化、发展文化的机制和力量，都是文化传播和文化演进研究的对象。

我们在后文会更清楚地看到，遗传学之所以能够得以发展，是因为它建立起了一套生物遗传进化的理论。这套理论的奠基人是孟德尔，他的研究为遗传学建立了牢固的规则。直到孟德尔理论为世人所知，同时生物学的生化基础被人们理解之后，这门学科才迅速地发展起来。但到目前为止，针对文化传播的研究还少之又少。直到不久前，"文化的演进"这一表达方式，在文化人类学研究中甚至还一直被禁用。与"文化的演进"类似的概念，在19 世纪被用来区分进化的人种和未进化的人种，先进的人种与野蛮的人种，被用来赞颂一类人以及取笑另一类人。残暴的种族主义从这些概念中诞生，进而传染到了政治领域。在 20 世纪上半叶沉痛的历史中，我们目睹了种族主义产下的恶果。20 世纪的人类学家更倾向避免使用"文化的演进"这一表达方式，希望借此避免犯下 19 世纪种族主义人类学家和 20 世纪上半叶他们的学生们所犯下的错误。他们认为，或许用"文化的变动"（cambiamento culturale）取代"文化的演进"（evoluzione culturale）就足以表达出想要传达的意思；同时避开"进步"（progresso）这一字眼，从而与 19 世纪的前辈们划清界限，并脱离他们的文化遗传学说。实际上，种族主义之所以能在 20 世纪上半叶活跃起来，主要归咎于一些美国体质人类学家[1]的作品，如卡尔顿·库恩（Carleton Coon）。他们用一系列的层级指标，划分不同的人种，并将非洲人置于最低一级［这种行为犯下了一个前人犯过很多次的错误，例如弗朗西斯·高尔顿[2]（Francis Galton），曾活跃于 19 世纪下半叶］。来自冷泉港实验室[3]（Cold Spring Harbor）的查尔斯·达文波特[4]（Charles

---

[1] 体质人类学（physical anthropology），从体质的角度研究人类群体的科学。人类学的分支。其研究对象是人类的起源、分布、演化和发展，形成人种、种族、民族的体质特征和类型。（交叉科学学科辞典）

[2] 弗朗西斯·高尔顿（Francis Galton），查尔斯·达尔文的表弟，英国人，人类学家。

[3] 冷泉港实验室（The Cold Spring Harbor Laboratory, CSHL），是一个非营利的私人科学研究与教育中心，位于美国纽约州长岛上的冷泉港。

[4] 查尔斯·达文波特（Charles Benedict Davenport），美国优生学家和生物学家，美国优生学运动主要领导者之一。

Benedict Davenport）领导了一支美国伪遗传学家团队，他们把没有任何价值的科学研究当作政治武器，对来自欧洲南部的移民进行智商测试。被测试者大多交了白卷，因为他们大部分都是文盲。之后，这些测试结果被作为证明他们智商低下的可靠凭证。在此基础上，美国对来自欧洲的移民设置了众多严苛的限制。同时期德国的遗传学学者则迎合了纳粹大屠杀。在意大利，13 位大学教授共同签署了"1938 年种族宣言"，公开反对犹太人，但他们中没有一个是遗传学家。在 20 世纪下半叶的发展过程中，只有群体遗传学 [1]（或种群遗传学）开始认真审视种族主义，并宣称这是不可接受的。至此，"文化的演进"这一表达方式的禁忌在人类学研究中本应当被打破。但近年来，尤其在一些美国文化人类学学者中，却出现了一些危险的趋势。他们受到后现代主义哲学家的影响，其中一部分人声称，科学正在被政治奴役，因此科学家无法真正发现真理。对他们而言，话语的力量甚至超越了科学的力量。那些会使用话语去达成自己目标的人，总是人生的赢家（遗憾的是，这个论断是十分真实的！教会人们必要的批判精神，从而不为话语所蒙蔽十分重要）。后现代主义的哲学家之所以获得成功，是因为他们传播了可怕的思想，他们认为话语就是上帝。语言的重要性毋庸置疑，然而另一个事实是，语言也是有歧义的。歧义增加了一个词的抽象程度，或许哲学家因此应当保持更加谨慎和

---

[1]　群体遗传学（population genetics），研究群体的遗传组成及其演变规律的科学。遗传学的分支学科。是孟德尔所发现的遗传规律与数理统计学方法相结合而产生的。研究范围涉及对生物体适应稳定的或变动着的环境状况的研究，也是对进化机制的研究。（自然科学学科辞典）

谦卑的态度。

文化的演进是由创新和选择之和决定的，更准确地说，是由社会所接纳的创新决定的。因此，总是存在一种统计学上的持续变化，因为所有人做出同样的选择是不太可能的。一些创新会比另外一些幸运，文化的历史也就是创新的历史。历史讲述了哪些创新被淘汰，哪些创新被幸运地接纳，以及被接纳的原因。发明或接纳一项创新的动机几乎总是相同的：人们观察到一种需求，然后想办法去满足它。发明者通常是一个特别的人，具有创造性和独立思考能力。但我们每一个人都有可能成为潜在的发明家，去创造一些新鲜事物。有一些偶然的发明可能只能为它们的发明者所用，那些幸运的、能够广泛传播的，并且在促进新型社会发展中起重要作用的发明则少之又少。

在尝试重建文化历史的过程中，很重要的一点是，思考人们每一次接受或者拒绝一项发明的动机。研究发明的学者发现，个体在接受一项新鲜事物时，存在较大的差异：一些人对新鲜事物着迷，成为创新先锋；同时，也存在另一个极端，有些人因为懒惰，对新事物无动于衷。根据个体差异的普遍规律来看，人们对新鲜事物的接受意向和速度总是在这两极之间滑动。当然，创新本身的不同也会影响到人们的接受程度。人们对不同发明的实际需要以及紧迫程度的看法不同，因此，个人的口味和偏好也会影响到选择。有不少的发明是科技性质的，但许多，甚至可能大多数的发明都是社会经济性质的。所有的发明，无论是何种类型的，都应当能够提供一些益处，至少是表面上的益处，才有可能为世人所接受（有的时候唯一的益处就是，它本身是新鲜事物）。然而，每一个发明不是只有益处，还总是有成本，但很难一开始就对成本做出评估。然而，也存在另外一种情况，有些人不是被发明带来的益处所吸引，而是对发明本身着迷，这样的人就是我们在上面提到的先锋。

因此，我们研究文化的历史，目标是确定每一个时代、地点、环境下出现的最重要的发明，找到创造、接受、推广这些发明的原因，以及发明满足的需求。当然，几乎总是存在创新以外的因素（比如经济、政治、宗教、流行趋势等），会给发明带来限制、阻碍或刺激。但社会影响总是最主要的因素，因为文化进程首先是一种社会进程，会带来个体间信息的交换。知识和活动是数以十亿计个体经验的总和，我们的祖先把他们的经验传授给我们，让我们在应对各种问题、愿望、需求以及兴趣时，都能找到答案。重建文化的历史，并不是一项简单的任务。恩斯特·贡布里希在他的《艺术史》一书中，通过数个世纪以来技术、风格、兴趣和内容方面的创新，来分析视觉艺术的历史，在我看来就是一个研究社会文化历史的绝佳范例。可惜的是，这一方法很难在其他领域中复制。因为通常情况下，缺少能够编写一部类似作品的文献材料；同时，也很难找到这样一个有能力的作者去做这件事；再者缺少必要的出版空间，去覆盖文化包罗万象的方方面面。

进一步的问题在于，不同领域的专业性，会阻碍这项跨学科作品的创作。同时，也会阻碍它在公众间的传播。这么说可能会引起一些学科专家的不满，但我坚信，几乎每一个学科少有人读、传播不广的原因，都可能是因为该学科的学者过多地使用不必要的术语。而这些术语，只是用来与其他学者更准确简洁地交流。我并不认为在人文学者和科学家之间存在真正的障碍，正如查尔斯·珀西·斯诺 [1]（Charles Percy Snow）所言，两者运用同样的分析方法，但使用十分不同的语言。但我认为，大部分的知识分子、人文主义者或科学家，都不具备使用简单易懂的语言写作的能力。在他们看来，似乎评判一部作品好坏的标准，在于使用了多少艰深的术语。

此外，对于一些看似不起眼，实则很有意思的现象（虽然看似没有科学价值，或无法引起研究的兴趣），学者投入研究的时间和兴趣总是不足。进行分析时，应当经常侧重在描述层面。通过耐心细致的描述，以期待完成进一步的研究，从而提出解释性的假说和进一步的分析，使这些假说能够被接受，或者被证伪。一项假说的价值，不总是在于它的正确性（很有可能就不存在完全正确的假说），而在于它是可以被证伪的，或者用另一个不太流行但却更乐观的词，是"可改进的"（migliorabile）。

最后，很重要的一点是，尝试对迥异现象进行部分的概括，正如在一些研究中尝试：科学家把语言的变化，与一些考古学、人类学的事件，或遗传变异联系在一起，从而对照比较出同时影响这些不同现象的共同因素。指导原则是，如果人们在研究一段历史进程时（这一进程总是唯一的），带着实验的目的，同时研究

---

[1]　查尔斯·珀西·斯诺（Charles Percy Snow），英国科学家，小说家。

这一进程的不同方面，就能弥补无法重建这一进程的缺憾。与实验科学不同的是，历史科学无法进行重复实验。但在重建一段复杂历史时，可以从不同的、互补的方面去研究，就像从不同的维度去解开一个谜语一样。此外，在不同的力量，如政治、宗教和经济之间，总是存在着复杂的相互影响。对复杂的社会做一个全面的研究，能帮助人们理解和探明这些相互影响。

比如说，一个很有意思的做法是，可以从有文字记录的时代开始，研究意大利民族发展的历程。这样的研究，可以为一些新的研究提供重要的启发。这些新的研究有助于更好地理解我们自身，不仅是作为意大利人，而是作为人类文明的因果关系样本，并且是第一个用于这类研究的样本。我们都知道，经济是依赖人口的，反之亦然；教育的发展受到学校发展的深刻影响，反之也亦然；不同的社会活动是独立的，但不可避免地也会受到经济、政治和宗教的影响。我们知道，所有这些进程都是相互影响的。将这些迥异的现象联系在一起的因果之网极其复杂，几乎不可能用穷尽完整的方式去研究它。然而，尝试去收集一些有意思的联系，从而找到导致事件朝一个或另一个方向发展的直接原因，或者相互影响的共同原因，并且从细致的观察中期待新的发现，这一切是有可能的。

尽管很难实现，但是重建文化的历史，对于我们理解当下的世界以及这个世界的差异来说，是一个非常重要的工具。对于每一个遗传学、文化、历史的多样性而言，当人们现居地与起源地的距离越远，人们之间的差异也就越大。地理、社会、经济，尤其是历史等因素，造成了不同群体巨大的分化。这些分化乍看起来无法解释，但重建文化的历史，则有助于理解这些分化，并减少人们在观察某种差异时所产生的不信任和抵触。

都灵印刷出版联盟出版的《意大利文化》一书，对于意大利人而言，就是这样一个有用的工具，它能够帮助人们厘清不同学科之间的关系。厘清各种关系的过程，将有助于历史学研究，同时也能够帮助人们更好地认识自己，理解为什么即使生活得很近的人（无论是国内或国外）之间，也有数不胜数的差异。此外，有大量的意大利裔移民（总数不低于生活在意大利本土人数）生活在这个世界的其他地方。如果算上那些已经不再拥有意大利姓氏的移民，这个数目可能已经超过了目前生活在意大利本土的公民数量。大部分移民由于贫穷、饥饿、失业、缺乏机会而被迫离开自己的国家，他们在融入一个陌生的，甚至有敌意的文化中，遇到了极大的困难。因此，他们甚至更倾向于忘记自己的祖国。这是我在与众多的意大利裔美国人接触的过程中，得到的一种印象。但即使他们尝试断开与祖辈的联系，有一些东西还是保存了下来（当然，除了基因之外）。即使移民融入一个不同的文化，他们原有文化中的大部分也是根深蒂固的。幸运的是，意大利有着深厚的文化，能够保持长久的文化吸引力。如今，即使在最贫穷的人群中，也越来越流行一种趋势，即人们更有兴趣去了解自己的祖籍、基因和文化。许多离开意大利的人移民已久，在国外发家致富，但他们仍然有兴趣去学习意大利文化和历史。

| 第三章 |
文化的动物

　　动物也拥有文化，但人类凭借语言，把文化发展到了极高的水平。尤其在哺乳动物和鸟类中，我们也观察到了文化现象，这是它们对习惯和创新学习的结果。通常，它们从父母那里学习这些行为，但有时也会向群体中的其他成员，甚至是其他物种学习。

文化作为可传承的知识的总和，并非人类独有。然而，毫无疑问，人类的文化水平是最高的，这也是人类区别于绝大多数动物的地方。人类与动物最大的不同在于，人类拥有语言，它使个体间能够相互交流。语言是人类独有的特征。动物之间也存在一些形式的交流，但永远无法达到人类语言那样的复杂度和效率。语言是文化的一部分，且很可能是最重要的一部分。动物之所以无法学会人类语言，并且无法像人类一样熟练地使用它，是因为它们缺少一些人类在 600 万年进化过程中所发展出的器官。而正是这些器官，将人类与他的灵长类近亲——黑猩猩区分开来。这里我们提到的器官，指的是那些用于发声、理解，尤其是承担那些至今仍未被完全理解的复杂的大脑功能的器官。正是它们使人类的智力活动成为可能，并且变得丰富。

虽然我们还不敢断言，但很有可能，人类语言发展的最后一个阶段，出现在最近的 10 万年前，并且可能出现了遗传学性质的改变。我们认为，语言才是当时生活在东非的一个特殊人类部落（当然，不是当时存在的唯一的人类）惊人地发展，并最终扩散到整个地球的真正原因。考古研究表明，现代人，即解剖学意义上与我们相同的人，最初生活在东非，随后才扩散到整个世界。所有的现代人都有能力学会任何一门语言。人们说的语言，是他们在生活的环境中所习得的，所有人都能把任何一门语言学得同样好。与现代人不同的另外一支人类——尼安德特人（3 万—4 万年前生活在欧洲，如今已经灭绝），他们似乎就不具备这样的能力，或至少无法把这种能力运用到像现代人一样的高度。很有可能，生活在远古时期其他分支的人类，也不具备这样的能力，但对此我们就所知甚少了。

　　动物之间的交流虽然很低效，但是它们同样有能力发明、生产、学习使用新工具，尽管这些能力十分有限。猫科动物的妈妈们有一项明确的任务，就是教会子女狩猎的技巧。对于许多哺乳动物和鸟类而言，在开始群体生活时，它们就要学会使用警报信号，通知群体的其他成员危险（比如蛇或其他捕食性动物）来临。它们要学会运用一些技巧，去获取食物或保持与伴侣良好的关系，从而繁衍后代。黑猩猩会利用吸水的材料在树洞中收集雨水；它们还会在树枝上设置通道引导白蚁，将它们收集在小树枝上，然后饱餐一顿。在20世纪30年代的英国，不同鸟类之间流传着一项技术——用喙把放在房屋门槛上的牛奶瓶瓶塞啄开。这项技术传播速度之快，影响范围之广，让人们不得不改进瓶塞设计，使鸟类无法啄开。欧洲的老鼠学会了打开在河床上找到的贝壳类动物硬壳的方法，并发展出了不同的方法。一些日本科学家曾对一个猕猴种群展开实验，给它们设置了一些具体的问题。当地猕猴以土豆和麦粒儿为主要的食物来源。科学家们将潮湿的沙子与土豆和麦粒儿混合，这样一来猕猴就会很难吃到食物，或者吃起来很难受。其中有一只年轻的母猴解决了上述两个问题：它把土豆带到海边，用海水清洗；把掺有沙子的麦粒儿浸泡在海水中，等待麦粒儿浮出水面。正如我们所知，许多动物群体中存在着明确的等级关系，种群成员会在成长过程中学习这些关系。在竞争关系中，等级决定了种群成员获取食物或伴侣的顺序。等级关系通常通过决斗确定，之后很难改变。由于种群内年轻成员和雌性成员地位很低，成年猕猴拒绝学习那个年轻母猴发明的技术。

　　文化的传播以及对文化的学习在动物中几乎不存在，然而人类学习文化的时间很长，并且还在持续增长。语言是文化最重要的载体，人类从三四岁时就开始学习语言。语言学习存在一段明确的时间节点，过了这个阶段，任何其他语言都难以被完全掌握。

　　很有意思的一点是，科学家针对动物的文化传播研究超过了针对人类本身的研究。教育方式是文化传播的一部分，但人们把注意力主要集中在了学校——这一近期才出现的文化产物之上。极少数的一项针对没有学校（或只有极少数有特权的村庄拥有学校）的种群研究，由人类学家巴里·休莱特（Barry Hewlet）领导完成。他研究的对象是中非共和国俾格米人部落。该部落的绝大多数人仍生活在热带雨林中，以采集狩猎为生。这种最古老的经济模式一直延续到了1万年前。从那时起，一些气候温和的地区开始发展出了农业。这些研究表明，在丛林中生存所必要的所有技能中，父母直接传授的有针对男孩的狩猎技能，以及针对女孩的采集植物、收集小型猎物等技能。孩子需要在青春期结束前，从父母那里学会上述技能。其他能力的学习的对象是部落的其他成员，这些能力在不同的群体活动中习得，包括唱歌、跳舞。从采集狩猎向农业经济模式的转变（是近期的变化），给当地人的习俗、习惯和生存技能带来了巨大改变。目前，极少数仍以采集狩猎为生的部落，生活在极端恶劣气候环境之中，如热带雨林和北极。显而易见，这种远古的经济形式几乎销声匿迹，而原始的农业和畜牧业分布却仍然十分广泛。

| 第四章 |
人类作为遗传学动物

　　生命作为一种能够生育与父母相同后代的能力。突变是新事物的来源，自然选择保留有益突变，剔除有害突变。遗传进化是试错的过程。文化演进与生物进化对比。拉马克与达尔文。

生命是自我复制，即生育与自己相同（或几乎相同）的后代的能力。事实上，为了证实生命这一非凡的特质，我们需要选择一些特殊的生物，例如土豆，或者其他植物和微生物，它们能够通过"无性繁殖"繁衍后代。人类通过"有性繁殖"繁衍后代，唯一能够证实生物遗传力量的是同卵双胞胎之间的对比。同卵双胞胎具有相同的遗传基础，即由精子和卵子结合的受精卵，在发展成为胚胎之前，分裂成的两个相同的细胞。因此，同卵双胞胎经常表现出高度一致的性状。将他们与异卵双胞胎进行对比，能够区别和测量生物遗传的影响。

在有性繁殖中，父母双方各提供一套完整的遗传基因。我们称为"基因组"、"基因的组合"，或 DNA。这种繁衍的方式每次将两个相似但不相同的基因组结合在一起。它是如此高效，以至于所有的高级生物（除了细菌和病毒之外的生物）都采用了这种繁衍方式。促使高级生物选择这种繁衍机制的原因有很多，其中最简单的是，复制基因的过程是不完美的，总会伴随着细小的错误。后代携带父母 DNA 的复制品，并且父母传给后代的基因组就是由 DNA 构成的。如果从父母一方继承的基因组的某一点，在复制过程中出现错误，就可能会对后代产生危害。但如果来自父母另一方基因组的同一点没有受损，就可以"挽回局面"。

在细胞繁殖的过程中，DNA 复制时产生的错误称为"突变"（mutazioni）。"突变"是个体基因传递给后代时，DNA 发生的（通常情况下极小的）变化。人类基因组的 DNA 由约 31.6 亿个被称为"碱基"（或"核苷酸"，更准确的化学术语）的成分组成。构成 DNA 的基本单位可以分成四种，我们通常用它们化学名称的首字母指代（A，C，G，T）。[1]发生突变现象最常见的原因，就是 DNA 的碱基之间发生了替换（比如，当 C 位于基因组某个特殊位置时，可能变成 G、T 或 A）。极少数情况下，突变是由于碱基的缺失或增加造成的。突变发生的概率是极低的：在构成一个新基因组的 30 亿个碱基中，能够观测到的突变碱基大约只有几十个。此外，这些突变可能是不同的，并且会随机发生，但却无法避免。然而实际情况并没有那么严重，因为只有极少部分的突变是有害的，绝大部分突变不会造成任何体质、生理和心理上发展的改变。

此外，小部分突变是有利的，但这取决于我们的生活方式。比如，像所有的哺乳动物一样，我们在出生后要经过一段母乳喂养期（最多三年，但如今几乎没有母亲有耐心维持如此长的时间，俾格米人部落的母亲们除外）。为了获取乳液所含的糖分——乳糖，所有的哺乳动物都会分泌出一种酶，叫"乳糖酶"。在小孩断奶后，继续分泌乳糖酶的动力就消失了：机体很重视避免浪费，因此就不再继续分泌。这是所有哺乳动物都具有的一种古老的适应机制。但如果在生产乳糖酶的 DNA 内部，或附近基因组的特殊位置上，出现了一个或多个突变，就可能会造成断奶后，体内继续分泌乳糖酶。毕竟，即使断奶之后，浪费一些乳糖酶也不是什么了不起的大事。

---

[1]　组成单位为四种脱氧核苷酸，核酸的含氮碱基又可分为四类：腺嘌呤（adenine，缩写为 A）、胸腺嘧啶（thymine，缩写为 T）、胞嘧啶（cytosine，缩写为 C）和鸟嘌呤（guanine，缩写为 G）。

　　事实上，一个重要的文化演变，让这个突变变得十分有用。在人类进化的过程中，约1.1万—1.2万年前，中东地区开始出现食物匮乏。这可能是约1.3万年前，最后一个冰期结束时，气候变化造成的。人类从那个时候开始驯化一些动物，如最早的山羊、绵羊，以及后来的牛、马、骆驼等。很快，人类就在动物幼崽断奶后（也可能在断奶前，鉴于吮吸母乳会增加母乳分泌），从原本只属于它们的乳汁中获取养分。但是当人体不分泌乳糖酶时，喝鲜奶会引起肠胃不适。通常情况下不严重，但总之不太舒服。而那些携带阻碍断奶后乳糖酶停止分泌突变基因的个体不会有这种问题，并且他们能够完全吸收乳糖。因此，在食物匮乏时期（远古时期和如今都时有发生），这些个体就显现出了优势。起初，这只是单个人基因发生了突变，之后子女继承了这个突变基因。相对于那些没有继承这种基因的人而言，他们就拥有了获取一种高热量食物的优势，从而增加了繁衍后代的可能性。突变就这样逐渐地一代又一代地遗传，成为自然选择有利突变的经典过程。

　　随着气候越来越冷，人们对热量的需求逐渐变大，这个优势就变得越来越重要。因此，对于如今95%生活在欧洲北部的人，都拥有断奶后仍分泌乳糖酶的基因这一事实，人们就不会感到惊讶了。基因的突变使他们在成年之后仍然能够"乳糖耐受"；对于没有这种基因的成人，在饮用鲜奶之后，会有明显的不适（这种症状被称为"不耐"）。如果症状严重，通常本人会主动在断奶后不喝鲜奶。对乳糖耐受人群的地理分布研究表明，大约6000年前，在一群生活在乌拉尔山脉附近、以驯鹿为主要食物来源的游牧民族中出现了这个突变。在东亚也发现了"乳糖耐受"人群。距起源地越远，越往南，乳糖耐受人群的分布就越少。在撒丁岛和意大利南部，乳糖耐受人群只占总人口的20%—25%。一方面是因为距离发源地较远，另一方面是因为成人较少饮用鲜奶。这种突变和其他类似的突变，在世界其他成人饮用鲜奶的地方也出现过，但突变带来的影响要小得多。

这个例子教会我们三件事。第一，突变在特定的情况下，可能是有利的。在进化的过程中，我们还能找到无数类似的例子。实际上，在突变携带者（也称为"突变体"）有较大可能性生存的条件下，他们能够比不带有突变基因的人繁衍更多的后代。因为携带者和他们的后代能够更好地获取营养，于是突变就能够代代相传，扩展到整个种群。

第二，突变的过程，就是达尔文所描述的"自然选择"的过程。比起原始基因，"突变体"能够凭借繁衍优势，传播得更快更广。人类能够通过"人工选择"，在不同家畜中培养新品种。达尔文在观察到"人工选择"与"自然选择"的差异之后，坚信了后者的重要性，认为自然选择才是驱动进化的力量。如今的生物学家对此坚信不疑。进化用完全自动的方式选择有益突变，剔除有害突变。最初的突变能够让那些携带者，拥有比非携带者更大的可能性生存到成年。如果他们存活到繁衍年龄，就能拥有更多的后代。因此，相较于原基因型，突变基因会在代代相传的过程中不断扩散。这是一个完全自动，并且不可避免的过程。携带突变基因后代成年的人数越多，他们在种群中扩散的速度就越快，分布就越普遍。因此，此类突变就是有利的。即使不是普遍有利的，至少在特殊环境下是这样的（上文提到的"乳糖耐受"对于饮用鲜奶的成人就是很好的例子）。在中国或日本，牛奶的生产和消费都是极少的，因此具有乳糖耐受基因的成人少之又少。

第三，在文化演进中，新饮食习惯的形成（如成人饮用鲜奶），会带来基因的进化。这就是达尔文提出的非常简洁的理论模型：遗传基因的改变（现称为"基因突变"）和自然选择是生物进化的主要动力。突变，也就是随机出现的、罕见的、可遗传的变化，产生了新型个体。从生存和繁衍的角度看，这些变化中，有一部分会给携带者带来特定的选择优势。自然选择，即具有生存和繁衍优势的突变体，在他所处的环境中数量自动增加、代替原来个体的过程。达尔文也谈到了"增强的环境适应度"，用来说明由于一个或多个突变携带者带来的选择性优势，给种群带来的变化。

在有性繁殖中，子女从父母那里分别继承一半的遗传信息，即一条基因组。否则，基因组会在每一代翻倍。我们每个人都拥有两条完整的基因组，一条来自父亲，另一条来自母亲。传递通过特殊的生殖细胞（"配子"）实现，即来自父亲的精子和来自母亲的卵细胞。对父母基因组的选择是完全随机的。在生产子一代的过程中，新基因组不是只来自父母其中一方：在不丢失、不复制任何部分的方式下，新基因组的不同部件随机选自母亲或父亲的基因组。因此，每个精子都含有一条完整的基因组，由来自父母双方的部件组成。卵细胞同理。精子与卵子结合，生育的子一代便拥有两条完整的基因组，分别来自父亲和母亲。这种情况下，有一点值得格外注意，即双基因组拥有一个巨大的优势。一般情况下，复制的过程中不会出现错误。但如果两条基因组中有一条出现了有害突变，另外一条可能包含正确的 DNA 信息。通常情况下，只要两条中的一条不出现问题就行了。在小型飞机中，我们可以找到有性繁殖的对应物——单发动机飞机：在无法轻易复制发动机的情况下，人们选择复制重要的部件，例如汽化器、磁石发电机、油箱等。这样一来，如果其中一个部件坏了，可以轻易地被另外一个备用部件替代。在更大型的飞机中，人们可以复制整个发动机。这被称为仿生工程学。因此，除同卵双胞胎外，每个子代与另一个子代相比，都有显著的不同。这种巨大的遗传多样性有一个很大的优势：无论发生任何灾害，在一个种群中，至少都存在一些有更大生存可能性的个体。重要的是物种能够保存下来：因为即使只有少数个体存活下来，也足以重建该物种。也正是出于这个原因，在任何一个种群内，无论规模多小，在构成种群的个体之间，都存在巨大的遗传多样性。

拉马克是第一位清楚地论述现有的动植物是从更低级的形态进化而来的生物学家。他认为，个体对环境的适应是生物进化的动力；他同时认为"适应度的变化"是每个个体生命的产物，能够直接遗传给下一代。达尔文的看法和拉马克一致。但今天我们知道，这不包括习得的生物性状。我们知道，运动员父亲的肌肉并不会遗传给儿子，儿子想要获得肌肉必须通过训练。如果某个特定体育活动（或其他任何活动）的天赋基因真的能够继承，将会是有用的：父母可能希望子女能够在同样的领域（或其他领域）

出类拔萃，因此鼓励子女朝着那个方向发展。但需要清楚地区分天赋基因和自身学习。

20世纪初，人们发现，突变是一种罕见且随机的现象。人们开始明白进化是一种"试错机制"（trial and error）："尝试"（trial），即每一种突变，是带来基因（也就是DNA）层面新变化的唯一源泉。突变自发出现，并且是随机的。在我们生存的环境中，大部分的突变不会带来任何可观测的影响，也不会对我们的身体产生重大影响，这些突变被称为"中性突变"[1]（mutazioni selettivamente neutrali）。然而许多突变是有害的，会造成遗传疾病并带来死亡。随着死亡率的提高，有害的突变即使不会立即被清除，也会在较长的一段时间内被自动清除。这些有害的突变就是"错误"（error），它们还会造成严重的后果，包括导致个体过早的死亡。但在特定环境下，突变也可能是有利的。它们会在后代中进一步发展，并推动进化。

拉马克的进化理论认为，一个生命体在一生中获得的性状会传递给下一代。但这一条不适用于生物性状，因此也不适用于生物进化。然而，在文化演进过程中出现的"突变"，即通过文化传播的创新和发明，不仅能为子女所继承，同样也能为社会上其他非亲属成员所继承。因此，与生物遗传只能将变化传递给子女不同，文化演进是拉马克式的。事实上，当拉马克谈论"遗传"时，根本没有区分生物遗传和文化传播。在生物学中，个体在生命中

---

[1]　对生物个体既无利也无害的基因突变，选择对其不起作用。（基因工程词典）

习得的性状不会遗传给他们的子女。

　　或许拉马克把所有心理学性质的性状也归在了生物性状之中，这些性状中的一些（甚至很多）能够通过文化传承下去，因此呈现出了拉马克式的遗传。此外，存在另外一个事实，把文化演进与拉马克进化模型联系起来，即拉马克坚持"进化的愿望"（volontà di evolvere）这一观点。文化演进中的发明与基因突变不同。前者不是独立于我们意愿存在的现象，它也不是一种随机的现象，并且发明出现的目的，总是去解决一个特殊的实际问题。这是文化演进和生物进化之间的重大区别：基因突变是随机的，并不是为了解决当下问题而出现的。此外，我们要再次强调，文化传播并非像生物遗传那样，只能传给自己的子女。尤其借助人类当代先进的通信工具，文化传播可以变得无限快，甚至在顷刻间完成。然而遗传则受限于繁衍过程，需要一代的时间：人类需要25—30年。只要不出现特别高的死亡率（幸运的是，高死亡率极少出现），人类基因的变化是十分缓慢的。因此，生物进化和文化演进之间存在根本上的差别，两种机制应当被完全区分开来。然而，两者也可能相互影响，这种现象我们称为"生物文化共同演进"。

| 第五章 |
人类进化的标准模型

从能人 [1]（Homo habilis）到智人 [2]（Homo sapiens）。现代人 [3]（Homo sapiens sapiens）在东非的起源。人口扩张和地理扩张。通过语言发展带来的交流水平的提高来看文化演进的影响。推动现代人类扩张的发明和创新。

---

[1] 早期直立人化石的代表。1960—1963 年由英国古人类学家 L.S.B. 利基在东非坦桑尼亚奥杜威峡谷下更新统地层中发现，距今 200 万年左右。（简明文化人类学词典）
[2] 原为新人的分类名称。近十几年来的古人类学研究认为，古人和新人只是亚种的差别，两者同属智人，古人为早期智人，新人为晚期智人。最早在德国发现的尼安德特人即为早期智人的代表。（简明文化人类学词典）
[3] 即"晚期智人"，古人阶段以后的人类，包括从更新世晚期的化石人类克罗农人直到现代人类。其化石于 1868 年在法国南部克罗马农山洞中首先发现。（简明人口学词典）

我们前面说过，现代人（即与地球上现存人类无法区分的人类）大约 10 万年前开始生活在地球上。慢慢地，现代人形成了最初的种群，例如俾格米人和布须曼人。[1]这两个种群如今仍生活在非洲，但人口已十分稀少。在 6 万—5 万年前之间，开始出现一个重要现象：生活在东非为数不多的居民，开始了系统的人口扩张和地理扩张，直到扩展到了整个地球。这一结论是基于考古学和基因检测数据得出的。

首先来看考古学数据，我们从最古老的人科动物——生物学上的名称为"人"（类）、"能人"（种）开始。能人生活在距今 200 万—300 万年前的非洲，与他们祖先不同的是，他们已经从树上下来，开始用双腿直立行走。这可能是第一个根本性的变化，因为直立行走解放了双手，从而使他们能够开始制作最早的简易石器工具。对工具的使用促进了能人智力的发展：考古发现表明，能人拥有比他们和黑猩猩的共同祖先（最后生存在约 600 万年前）更大的大脑，然而黑猩猩的大脑并没有增大。根据已发掘的人类头骨化石检测的结果，人类的大脑容量直到 30 万年前仍在不断增大，目前人类的脑容量是黑猩猩和其他灵长类动物的四倍。随着脑容量的增大，人类的智力不断发展，从而使人类拥有创造工具和发展语言的能力。自我表达的能力在人类社会发展中起到了重要作用。控制自我表达的区域在我们大脑中占据重要位置，位于

---

[1]　布须曼人（Bushman），也被称"桑人"，意为"丛林人"。系荷兰移民建立开普殖民地以后所取。是南部非洲的种族集团。主要分布在纳米比亚、博茨瓦纳、安哥拉、津巴布韦、南非、坦桑尼亚等地，属尼格罗人种科伊桑类型，是非洲东部和南部地区的古老居民。（人类学词典）

大脑左侧中央，比右脑大不少。那个时期发现的人类颅骨中，有5/6都具有这种不对称现象。而这一现象却没有在黑猩猩和其他灵长类动物中发现。因此，在那个时候，人类应当就具有了原始的语言能力。随后，语言能力得到了进一步发展。

像上述古老的，并能指明年代的样本数量很少。但是我们可以推测，在170万年前，我们的祖先就在持续改进工具。他们学会了用火，将足迹扩展到了亚洲和欧洲，并形成了不同的种群。第一个解剖学意义上与现代人无法区分的人类骨骼化石，不久前在埃塞俄比亚被发现，距今约10万年。但这不是目前发现的唯一化石：仍是在东非，人们发掘出了形态稍有不同，但比之前大约早了20万年的化石。该化石与现代人所属的智人类似，但又不同，如今被乐观地称为"晚期智人"。从上述时间直到170万年前，在世界其他地方并未发现与之类似的、过渡形态的化石。因此结论是，人类的进化历程，包括最后一个阶段，发生在非洲。因为只有在那里，人们发现了距今10万多年的人类化石：他们在形态上与现代人已没有区别，被称为"解剖学意义上的现代人"。接着，现代人扩展到了中东：在以色列的一个洞穴中，人们发现了一些遗迹，大约可以追溯到10万年前。但这个欧洲以外唯一发现的现代人踪迹接下来消失了。可能是由于气候变冷，被生活在欧洲北部习惯寒冷的尼安德特人所取代。

4万—6万年前，在两段寒冷期之间，出现了一个稍暖的时期。正是在此期间，生活在以色列的人类近亲尼安德特人消失了，而现代人开始重新出现。接着，他们开始在世界许多地方出现。因为在约 6 万年前，东非的一个小部落开始了一段漫长的迁移之旅：他们的足迹遍布了整个地球，包括非洲的许多地方。在此之前，可能在同一地区，两批采集狩猎部落开始迁移。第一批迁移的部落说着科伊桑语[1]，包括现在被称为布须曼人和霍屯督人的部落（现在均生活在南非）。这个部落分裂的时间可以追溯到 10 万年前。第二批迁移的部落由阿卡人[2]（也称为俾格米人）组成。约 8 万年前，部落出现分裂。目前，俾格米人几乎只生活在非洲的热带雨林中，并且他们的原始语言已经遗失。

这个东非小部落的扩张呈现出了极强的规律性。考古发现展示出了这个规律最明显的部分，但后面我们会看到一些更清楚的遗传学数据。最早到达欧洲的现代人可能来自东亚，他们穿过了高加索和黑海北部的大草原到达欧洲。目前，在欧洲发现的最早的现代人遗迹可以追溯到 4.6 万年前。人们在澳大利亚发现的现代人遗迹可以追溯到约 4 万年前：想要到达澳大利亚需要穿过数段大洋，且它们彼此距离很远，似乎不太可能通过游泳到达。很有可能当时人们使用了独木舟、木筏或其他原始船只。但现在已经无法找到任何遗迹，因为它们都是木制的。在另外一场迁移中，现代人从东非出发，沿着亚洲的南海岸，一直到达东南亚；之后，

---

[1] 科伊桑人（Khoisan），非洲西南部和部分东非地区的民族集团。主要分布在纳米比亚、博茨瓦纳、坦桑尼亚、安哥拉、南非和津巴布韦等国家，为赤道人种的古老支系，分布须曼人和霍屯督人两支。（人类学词典）
[2] 阿卡人（Akka），中非地区俾格米人的一支。主要分布在韦累河与伊图里河流域，包括扎伊尔东方省的热带密林深处；部分在乌干达和卢旺达境内。与姆布蒂人和埃费人（Efe），统属俾格米人的东部支系，在体质和文化上受他族影响最小。（民族词典）

现代人有可能沿着海岸，往北迁移。在这些迁移过程中，可能也使用了上述工具。直到 1.2 万年前，白令海峡仍未被大海隔开。最晚到 1.5 万年前，这条通道为现代人从西伯利亚迁移到美洲北部提供了便利。约 1 万年前，现代人已经到达了南美洲的最南端。最晚在 6000 年前，中国台湾或菲律宾的原住民就已经借助较为先进的航海系统和天文学知识，到达了密克罗尼西亚群岛[1]和波利尼西亚群岛。[2]

在已获取的众多基因数据中，通过对人类谱系和 Y 染色体（决定男性性别的染色体，并且只能在男性中发现）的研究，可以确定人类父系族谱的"最近共同祖先"[3]（MRCA）生活在约 10.3 万年前。根据针对线粒体 DNA（mtDNA）研究的最新数据，人类母系族谱的最近共同祖先可以追溯到 15.7 万年前。线粒体 DNA 与染色体 DNA 不同，因为它更短（16600 个碱基）。它由母亲遗传给子女，存在于每一个细胞的线粒体中。通过基因确定最近共同祖先的时期，会产生较大的数据统计误差。因为它指出的，是造成人类谱系树产生分支突变出现的可能日期，而不是现代人最早到达目前生活地点的日期。确定突变谱系树产生分支时间的方式，一部分基于一个数学理论，这个理论建立在一个假说之上，它的

---

[1] 太平洋三大岛群之一。密克罗尼西亚，意为"小岛群岛"。在南纬 4°—北纬 22°，东经 130°—180°，绝大部分在赤道以北，东西延伸约 4600 千米，包括马里亚纳群岛、加罗林群岛、马绍尔群岛、瑙鲁岛、吉尔伯特群岛等。（外国名山大川辞典）
[2] 太平洋三大岛群之一，处于大洋洲，意为"多岛群岛"，是太平洋中部和东南部的庞大群岛。（对外交流大百科）
[3] 在生物学中，"最近共同祖先"（Most recent common ancestor, MRCA）表示一系列不同的物种拥有共同起源的那个最近的祖先。这一概念经常应用于人类的宗谱。

内容是，新突变产生的速度是恒定的，并且是可计算的，而计算的依据是突变或其他进化机制发生的频率。依据突变携带者的地理分布和已知的考古信息，去确定至少一个分支产生的时间是必要的，并且是有用的。假如突变的速度真的是恒定的，就能据此推测或确定其他分支产生的时间。

在下面的章节中，我们将会看到有关基因组的研究，以及有关人类进化最后一个时期的知识，是如何在最近较短的时间内增长的。但需要立即澄清一个可能出现的误解：对最近共同祖先的研究，并不是说我们所有人都是从同一个个体（即一个 Y 染色体"亚当"[1] 和一个线粒体 DNA"夏娃"[2]）进化而来的。《圣经》中出现的名字，在遗传学中被借用，我们在其前面加上了一个定语"非洲"。"非洲的亚当"只是他所在种群中的一员，他的 Y 染色体是如今所有现代人 Y 染色体的源头。通过简单的数学推理，我们可以推测，"亚当"所在种群中其他成员的 Y 染色体均在遗传的过程中消失了。同样的推理也适用于线粒体 DNA：我们的线粒体基因均来自同一位女性——"夏娃"，但她生活的时期与"亚当"不同。之后，"亚当"和"夏娃"后代的基因出现了新的突变，使 Y 染色体和线粒体 DNA 所包含的信息越来越丰富。人们依据这些基因信息，构建了从"亚当""夏娃"时代起，一直延续至今的人类进化迁移系谱。父系族谱的祖先"亚当"和母系族谱的祖先"夏娃"

---

[1]　Y 染色体亚当，或称 Y-MRCA，在遗传学上，由人类 Y 染色体 DNA 单倍型类群推测出的人类父系的最近共同祖先。
[2]　线粒体夏娃，或称 MT-MRCA，其线粒体 DNA 存在于任何一位现存人类体内，是所有现存人类的母系最近共同祖先。

生活在不同时期，这一判断可以通过另一个严格的数学推理证明：男性"一夫多妻"的比例比女性"一妻多夫"的比例高。直到目前，世界上平均每个男性拥有 1.3 个妻子。这个数字也足以说明两个性别祖先在生活时期上的差异。

是什么促成了第一批现代人的扩张呢？很显然，他们并不是当时唯一的人类。虽然他们是同类中唯一具有某些特殊能力，并使智力获得了进一步发展的种群。有很多因素让人推测，语言是最为重要的因素。语言的发展可能经历了不同的阶段，其中最后一个阶段可能是最重要的：在这一阶段，人类语言的复杂程度和表达能力（比如对复杂句式的使用）得到了巨大飞跃。所有现代人说的语言都已经十分发达。每一个智力正常的人，除了学会自己的母语之外，都有能力学好任何一门语言。几乎可以断定的是，第一批开始人口扩张，进而进行地理扩张的非洲现代人种群拥有共同的语言。他们一定拥有很强的创造能力。鉴于在不同历史时期，我们发现，正是不同的创新，促成了人类的进一步扩张。在 10 万—5 万年前，现代人开始了人口扩张和迁移。这一阶段扩张速度很慢，他们只到达非洲和一些邻近的亚洲地区。在 6 万—5 万年前，现代人的扩张速度比之前加快了 3—4 倍。这一时期，他们开始向亚洲南部和一些大洋洲较大的岛屿扩张。我们在前面提到，这一阶段的扩张很有可能是沿着海岸线进行的，并可能使用了一些航海工具。在同一时期，或稍晚的时期，现代人开始向亚洲中部迁移。从那里，人类进一步扩张到了全球。扩张的过程中伴随着（也有可能是依靠着）先进石器，它们被称为"奥瑞纳文化石器"。[1]

2.9万—1.3万年前，最后一个冰期给欧亚大陆北部带来了极端寒冷的气候。在冰期结束后，气候变化造成了植物群和动物群的变化，进而迫使人类离开欧亚大陆最北部的地区。随着人口密度的增长（这也有可能是促成一系列创新的原因），新的发明出现了。它们被用来克服由于气候变化，给人类生存带来的困难。这些创新记录了1.2万—8000年前（根据不同的地区），人类从旧石器时代向新石器时代的过渡：在这段时期，人类发明了微型石器（小于2厘米的石器制成品）。这个阶段被称为"中石器时代"。

直到中石器时代，人类还主要以采集狩猎为生（小部分以捕鱼为生）。但一项重大的创新已经到来：随着农业和畜牧业的发展以及食物产量的提高，农牧产品从一开始作为天然食物的补充品，进而取代了天然食物。这样一来，由于气候变化导致的植物群和动物群的变化，或人口密度的增长（或在两者共同影响下），进而造成的食物需求的增加，就得到了更好的满足。更加充足的食物供给促进了人口增长，而人口增长进一步显著地提高了人口密度。由于原始农业生产力不高，当地生产的食物很快就不能满足需求。如此一来，就不可避免地造成人口不断地迁移，迫使人们去寻找新的农场和牧场。人们焚烧森林以获得耕地，至今许多非洲农民仍在采用这种方式（"刀耕火种"）。1万—5000年前，人类开始

---

[1] 奥瑞纳文化，欧洲旧石器时代晚期文化。以使用刮削状和厚片状的石器和燧石、扁平尖状骨器和磨成针状的兽骨或鹿角为特征。1860年发现于法国西南部的奥瑞纳村，其历史可追溯至约公元前34000年。（麦克米伦百科全书）

了新一阶段的迁移：人们来到新的地区，开始生产新的食物。

　　农业和畜牧业是同时发展的，这种农牧复合的经济模式展现出了很强的活力。第一个著名的考古发现是阿布休莱拉城（Abu Hureyra）（建于约1.1万年前），它位于叙利亚北部。从这个地方开始，人们在中东和土耳其找到了小麦、大麦、山羊、绵羊、牛和猪的遗迹。而马在很久之后，才在黑海和高加索山脉以北的大草原上被发现。在稍晚些时候，农业很有可能在世界其他地区也独立发展起来。例如中国的北部（小米），东南亚包括中国的南部（大米、水果、水牛和鸡），墨西哥和安第斯山脉北麓（玉米、土豆、南瓜和许多其他蔬菜，火鸡和羊驼）。在撒哈拉地区，人们发现了起源于中东地区的农业遗迹。此外，人们还发现了早熟的牧牛业遗迹，并且可能是独立发展起来的。从4000年前开始，撒哈拉地区气候变得越来越干旱，造成人口向萨赫勒（Sahel，撒哈拉沙漠和非洲东部森林地带）地区迁移。原先在撒哈拉地区能够种植的作物，无法在热带环境中生长。因此，找到新的、能够适应非洲热带森林环境（森林土壤层很薄，缺乏营养物质）的作物，十分必要。土壤贫瘠是非洲农业经济发展水平不高的（众多）原因之一。直到今天，这个地区长得最好的作物还是木薯（4000—5000年前在亚马孙河发源地发现并种植的作物）。木薯在整个巴西平原迅速传播之后，在很晚的时候才传到了非洲热带地区。很有可能是在18世纪，欧洲传教士从巴西带来的。

　　向农业生产模式的过渡是一个缓慢的过程，需要几千年的时间。根据欧洲考古学家的研究数据，起源于中东地区的农作物，以每年大约一千米的速度传播到欧洲；往地中海地区传播的速度，要比向欧洲中部传播的速度稍快一些。从采集狩猎过渡到农业生产，事实上要求人类的生活方式发生根本性的转变。与农作物缓慢的传播速度相反，简单的农业种植技术，能借助文化传播，比如模仿，更加迅速地普及。比如，中东和欧洲瓷器生产比非洲和远东晚。但当安那托利亚的农业生产开始使用瓷器工具以后，这些工具就极快地传到了希腊农民的手中。

采集狩猎时代的人类，为了应对食物短缺和采集狩猎技术的限制，过着一种半游牧民族式生活，人口密度通常不大。进入农业时代后，为了生活在耕地附近，人们开始建造比石窟和草房更加牢固、舒适、稳定的房子。在最干旱的地区，农业的重要性降低，人们更倾向于从事畜牧业，并且常常仅限于饲养一种动物。

农牧经济的发展，造成了人口密度和人口规模的显著增长，从而诞生了以严格等级为基础的、复杂的社会经济结构。私有产权和商业的发展，促进了文字的发明和传播。最早的金属器具开始替代石器，比如青铜器（出现在约 5000 年前）和铁器（约 3500 年前出现在俄罗斯南部和土耳其之间，稍晚些时候出现在欧洲）。运输工具也发生了重大变化：最早的是牛车，接着出现了马车（出现在约 3500 年前；马也成为一种强大的战争武器）。马背上技术的不断发展，使乌克兰人和东亚人先后得以在很短时间内，持续交替征服广阔的领土，建立起帝国。哥伦布发现新大陆之前，美洲也存在过许多帝国，但是西班牙人第一次带来了马。

接着，我们就进入了人类历史中，以文字作为主角的新阶段。

文字在世界各地不同时期不同地点被发明出来，但最早的文字出现在5000年前的中东地区。与此同时，新的科技和社会经济创新，在改变权力和财富平衡中发挥的作用越来越大。新的科技发明和创新不断涌现，人类的扩张也仍在继续。自15世纪起，随着新的航海工具的发明，跨洋航行成为可能。少部分人口（几百上千人）能够越过大西洋，达到美洲大陆。经过几代之后，在美洲大陆上形成了较大的人口规模。这一部分人主要但不全是来自欧洲。从19世纪末—20世纪初，来自欧洲的移民数量在美洲显著增长。

　　总结一下，现代人的扩张主要经历了两个阶段。第一阶段发生在距今10万—5万年前，这一时期的扩张是缓慢的：人类从东非出发，向非洲大陆扩散，并且扩展范围仅限于非洲大陆。在最近5万年，几乎仍是在非洲中部最早开始扩张的同一片区域，出现了快速的、大规模的向东扩张：第一波迁移沿着东南亚的海岸进行，接着到达大洋洲、日本。可能过了很久之后，最终到达美洲西北部。另一波迁移开始时间稍晚，但人数更多。扩张朝着中亚方向进行，再从中亚向四周辐射，到达欧洲、西伯利亚、美洲、东亚、东南亚和大洋洲。经历过这两次扩张后，现代人的踪迹几乎遍布了全球。此后再出现的迁移，主要是区域性的。约1万年前，在农业的发祥地开始出现了一些重要的扩张，人类重要的语系、支系在广阔的土地上扩散开来。

　　接下来，我会指出语言发展的主要脉络。它与基因和文化发展的脉络存在着毋庸置疑的亲缘关系。1988年我与阿尔伯特·皮艾查（Alberto Piazza）、保罗·梅诺奇（Paolo Menozzi）以及乔安娜·蒙塔因（Joanna Mountain）共同出版过一本书，其中提到，语言的进化谱系和基因的进化谱系十分相似。达尔文也曾预言过这一点。人类学家道格拉斯·琼斯（Douglas Jones）在他的最新研究中指出，依据基因演化谱系绘制的不同民族的地理分布图，与大部分以文化人类学经典地图为基础制作的文化区域图存在高度的相关性。

下面，我初步总结一下语言演进和遗传进化之间的关系。根据语言学家发表的最可信的分类标准，人类语言一共分成 5 大语言系统（或称为"超语系"），包括了 12—17 个语系。

（1）"科伊桑语"（lingue khoisan）是现存最古老的语言。它很有可能是 10 万—5 万年前非洲现代人所使用语言的唯一直系后裔。这种语言以"卡嗒音"（click）为主要特点，这种发声方式在世界其他语言中均已消失。目前，只有生活在南非数量极少的少数民族还在使用这种语言。

（2）"刚果－撒哈拉超语系"（sistema congo-sahariano）由目前非洲使用最多的语言组成。这些语言又分属两个语系，分别是尼日尔－科尔多凡语系（niger-kordofaniana）和尼罗－撒哈拉语系（nilo-sahariana）。后者的起源很有可能稍晚。尼日尔－科尔多凡语系有可能是在科尔多凡（苏丹）发展起来的，随后传播到了撒哈拉南部和非洲西部。4000 多年前，即撒哈拉地区变干旱之前，西非地区的农业开始发展起来。约 3000 年前及稍晚时期，伴随着铁器的使用，东非最东端的喀麦隆地区开始发展起了农业和班图语。班图语在接下来的 3000 年中，扩散到了整个非洲大陆的中部和南部。

（3）"南亚超语系"（sistema austroasiatico）包括了所有在东南亚地区使用的语言和一部分在大洋洲使用的语言，也包括印度太平洋语系、澳大利亚语系和南方语系。这个语系进化谱系与现代人最早的迁移路线相吻合，即现代人从南亚海岸出发，一直到达东南亚和大洋洲的迁移。南亚语系下面又包括"马来西亚－波利尼西亚"语族，后者从 6000 年前开始在马来西亚和波利尼西亚传播。伴随着农业的发展，先后扩展到了中国台湾和菲律宾。

（4）"得内－高加索超语系"（sistema dene-caucasico）的概念是俄罗斯语言学家斯达罗斯汀 [1]（Starostin）提出的。该语系涵盖了整个欧亚大陆的语言。从人口扩张时期开始，该语系从亚洲中部向欧洲、西伯利亚、美洲、东亚和东南亚方向扩散。"得内－高加索超语系"也包含了分散在整个欧亚大陆和美洲北部的孤立语言和语系。地理分布表明，它是最古老的语系。从奥瑞纳文化扩张时期开始，便在上述区域内传播。然而，如今该语系的遗存仅能在欧亚大陆最偏远的地区找到，这是由于后来另外一个语系的扩张造成的。这个语系（即"诺斯特拉－欧亚语系"sistema nostratico-eurasiatico）我们下面会看到，除一些极偏远地区外，它几乎完全取代了先前语系。大约在 4 万年前，"得内－高加索超语系"从亚洲中部开始向四周扩散，传到美洲的时间大约为 1 万年前。之后，诺斯特拉语系（下面第 5 段的内容）开始扩散。很

---

[1] 斯达罗斯汀（Starostin），俄罗斯语言学家，主要研究远古时代人类语言、各个语系的形成及相互关系。

有可能在 1.5 万年前进入美洲，之后迅速在美洲大陆传播。属于这个超语系的最古老的孤立语言包括巴斯克语（比利牛斯山），一些高加索语言，罕萨人（喜马拉雅山）说的布鲁夏斯基语（la lingua burushaski），还有纳－德内语系（美洲西北部）以及汉藏语系。后者尽管分布在一个相对小的区域内，却涵盖了全球 1/5 的人口。

（5）"诺斯特拉－欧亚超语系"（sistema nostratico-eurasiatico）。"诺斯特拉超语系"由俄国语言学家提出，一开始遭到强烈反对。它包括了印欧语系、乌拉尔语系、阿尔泰语系、达罗毗荼语系以及亚非语系。维塔利·舍沃洛施金[1]（Vitaly Shevoroshkin）认为它还包括了美洲印第安语系：该语系在整个美洲使用，在第一次人口迁移时，从西伯利亚传到美洲（根据约瑟·格林伯格[2][Joseph Greenberg]，第二次迁移传入的是纳－德内语系）。"欧亚超语系"则由格林伯格提出。包括了印欧语系、乌拉尔语系、日语、汉语和爱斯基摩语（这是第三次也是最后一次从西伯利亚向美洲迁移），但不包括亚非语系和达罗毗荼语系。这两个语系的起源可能更早（Greenberg，1987）。"诺斯特拉－欧亚超语系"可能存在于1 万—2 万年前之间的亚洲的西南部，但时间非常不确定。

---

[1]　维塔利·舍沃洛施金（Vitaly Victorovich Shevoroshkin），俄裔美国语言学家，主要研究古地中海地区语言。
[2]　约瑟·格林伯格（Joseph Greenberg），美国语言学家，主要研究语言类型和语系关系。

| 第六章 |
人类的性质与人类学

人类学的早期发展。人种与种族主义。文化人类学与社会人类学。

研究人类的学科被称为"人类学"。约翰·弗里德里希·布卢门巴赫（Johann Friedrich Blumenbach）被认为是"人类学"之父。1775 年，他在一篇医学论文中，首次将人种进行分类。他把人类分成高加索人、蒙古人、非洲黑人、美洲人和马来人（大洋洲那时还不为人所知）。这一分类与如今被大多数人接受的版本相去无几。卡尔·林奈（Carlo Linne）在《自然的系统》（*Systema Naturae*）一书中对现代植物和动物进行了分类。与现代人分类不同的是，他的分类中还包括了一些"怪物"（mostri）。伊曼努尔·康德（Immanuel Kant）为人类学下了一个更为广泛的定义，把心理学也囊括在内，但这种定义没有造成较大的影响。达尔文注意到，布卢门巴赫理论的继承者们制定的分类中，人种数量差异悬殊，从两种到 5 种再到 10 种、60 种等。因此，他批评了这种用"人种"概念（即把人类分成有明确区别的物种）对人类进行分类的做法。在他看来，这种在人种类型数量上无法达成一致的情况，恰恰证明了各人种之间不存在清晰明确的、令人信服的区别。因此，也就无法据此进行分类。达尔文指出，造成无法分类的原因，是因为人种之间的差异本身也在不断变化之中。这一观点至今仍被认为是可靠的。此外，在不具备基因分析的条件下，很难区分环境和遗传造成的差异，以及这些差异之间细微的区别。而正是这些，才能指出造成各大洲人种差异的最近源头。

　　人类学在 19 世纪得到了巨大发展。尤其在英国，达尔文的表弟，弗朗西斯·高尔顿在他的著作中，为这门学科留下了许多量化的数据。可惜的是，这些数据仅仅促进了人体测量学的发展。

高尔顿喜欢测量一切。在一次去南非的旅行中，他在测量霍屯督和布须曼女性异于寻常的臀肌凸起时，遇到了困难。为了解决这个问题，在测量时，他与被测量女性之间保持特定的距离，让女性侧身站立，然后使用六分仪测量凸起的角度。这样一来，他就能够容易地计算出凸起的宽度，且无须触碰女性，保持了维多利亚时代的习俗。高尔顿是首个通过检测智力来指出人种之间差异的科学家，他也是"优生学"的创始人。"优生学"是指采用人工选择的方式，类似于饲养员培育更加优良的植物与动物品种那样，改善人类最想要的品质，如美貌、诚实和智慧。高尔顿还引入了相关度测量的方法，即通过父母与子女的相似度，来测量遗传的强度。这种方法与现在仍在使用的方法差异不大。

　　在与美洲印第安人最初接触的时候，欧洲人产生了一个疑问，即他们怀疑印第安人没有灵魂。在与从非洲被运至美洲的黑人奴隶接触时，同样的疑惑也出现过。19世纪的人类学并不是一门仁爱的学科。人类学认为文明人和"野蛮人"之间的差异是与生俱来的，并且这个差距是无法缩小的。到了18世纪，更具启蒙意义的观点出现了，比如卢梭（Rousseau）就谈到过"高贵的野蛮人"[1]（buon selvaggio）。杰斐逊（Jefferson）也在非洲人灵魂问题上备感煎熬，但还不至于达到不允许他们生存繁衍的地步，非洲的后裔仍在美国生活至今。现代欧洲的种族主义理论是由法国外交官阿瑟·戈平瑙（Arthur Gobineau）在《人种不平等论》（1853—

---

[1]　高贵的野蛮人（Noble savage），是一种理想化的土著、外族或他者，也是一种文学著作中的定型角色。

1855）一书中正式提出的。戈平瑙认为，不同人种之间在智力和道德方面，存在与生俱来的深刻差异。而他所属的"雅利安人"（Ariana）（也就是日耳曼人）是最高贵的。因此，保持该种族的纯洁性，避免其退化至关重要。在书中，作者没有列举任何科学理论依据，但他却以十分令人信服的文笔表达了该观点。如今，我们知道，植物或动物之间通过近亲繁殖所获得的"纯种"，在经过数十代后，就会迅速地失去繁殖能力，最终也会失去生存能力。此外，我们还知道，有些遗传性状不可能原封不动地传给子一代。因此，也就不可能获得所谓的"纯种"。

事实上，完全没有任何证据可以证实，人类不同种族之间的结合，会造成人种的退化。而事实似乎恰恰相反，跨种族的混血儿并不具有生理或心理上的劣势（虽然可能具有社会劣势，原因是种群对"不同"个体的排斥）。而跨物种的植物或动物杂交，常常会展现出"杂种优势"。[1] 不同大洲人种之间的遗传差异非常小，但或许人类不同种群个体之间的结合，也会产生杂种优势。泰格·伍兹（Tiger Woods）是世界上最伟大的高尔夫球运动员之一。他曾就读于斯坦福大学，但之后放弃了学业，全心投入高尔夫球运动。而他就是一个"复杂的"混血儿：他有 1/4 白人血统，1/4 非洲人血统和 1/2 亚洲人血统。全世界最伟大的政治家之一纳尔逊·曼德拉（Nelson Mandela）也是一个混血儿。他拥有 50% 的

---

[1]　"杂种优势"是指遗传性不同的生物体杂交产生的杂种第一代，在生长势、生活力、产量和品质等方面优于亲本的现象。（中国百科大辞典）

科伊桑人血统和 50% 的班图人 [1] 血统。科伊桑人是全世界最古老的种族，同时也是最被轻视的种族，目前主要生活在南非。班图人也受到保守的欧洲人的轻视，但他们与科伊桑人非常不同。班图人在 3 个世纪前到达南非后，这两个民族开始融合。南非大主教德斯蒙德·图图（Desmond Tutu）也是同样的情况。当然，不同人种结合不会造成任何生存能力或生育能力的丧失。而不同物种或遗传差异巨大的植物或动物在杂交后，子一代通常会丧失繁殖能力（比如，马和驴杂交产生的骡子）。

戈平瑙是法国人。但很有可能出于对德国人的欣赏，让他想到在罗马帝国后期，一支日耳曼人部落（法兰克人）入侵了法国北部，为法国人，至少是生活在北部的法国人，提供了相当一部分的基因基础。而现实是，种族主义很有可能起源已久，并几乎是全球性的，并且受到了国家主义（与种族主义并无较大差别）的强化。国家主义存在的唯一正当理由，是有助于保卫边境，抵御外族入侵。实际上，虽然人种之间不存在清晰可辨的界限，但是国家之间却存在。国家主义通过共同的语言——这一有力的融合力量得以强化（虽然仅此还不够）。可想而知，戈平瑙的理论在德国大受欢迎，因为当地已经存在或正在发展类似的想法。德国人在科技和工业领域的成功，进一步强化了德国的国家主义。一些人认为，这些观点影响到了阿道夫·希特勒。

在英国也发展出了另外一股危险的思潮，即"社会达尔文主

---

[1] 全称"班图尼格罗人"。非洲最大民族集团，分布在赤道非洲和南部非洲。（世界文化词典）

义"。[1]这一理论主要来自赫伯特·斯宾塞[2]（Herbert Spencer）。这位英国哲学家把"自然选择"最残酷的形式，应用在社会竞争之中（如"适者生存""自然是血淋淋的利爪"以及其他说法。实际上，这些话并不能归到达尔文名下，他对社会上对他理论的引用和扩展并不感兴趣）。社会达尔文主义在美国也获得一些成功。20世纪初，优生学理论十分猖獗，以至于许多国家都制定了相关法律，要求对被认为携带遗传疾病的人（很多时候，这些人所患疾病并非遗传性的）进行绝育。20世纪20年代，动物学家达文波特——一名坚定的优生学学者（我们在第二章中提到过他），他提议议会通过了一项法律，严厉限制美国接受来自欧洲南部的移民，其中包括意大利人，因为他们被认为在智力上低人一等。20世纪人类学在美国取得了巨大的发展，这主要归功于弗朗茨·博厄斯（Franz Boas）（他在德国毕业后于哥伦比亚大学任教）与他的学生亚瑟·克罗勃（Arthur Kroeber）。在他们的影响下，美国的人类学被分成了不同的学科。现在有四个学科的起源可以追溯到那个时期，分别是体质人类学、考古学、语言学以及文化人类学。博厄斯是最早指出文化重要性的学者之一。他通过研究发现，在美国长大的日本人，比在日本本土长大的同胞身材更高大。虽然他

---

[1]　"社会达尔文主义"（意大利语：il darwinismo sociale）是19世纪的社会学理论。用达尔文的进化论解释社会现象。认为社会犹如生物有机体，生存竞争是社会发展规律，财富是生存竞争成功的标志。在种族问题上支持"雅利安人"优越论，成为帝国主义和种族主义政策的哲学基础。著名的社会达尔文主义者有英国的斯宾塞、美国的萨姆纳等。（英汉百科知识词典）

[2]　赫伯特·斯宾塞（Herbert Spencer），19世纪英国哲学家、社会学家、进化论者，实证主义的主要代表之一。（马克思主义百科要览·上卷）

对统计数据的分析能力较差（人类学家共同的缺点），但结论是可靠的。

给文化人类学下一个明确而又清晰的定义是十分困难的。克罗勃和罗伯特·拉帕波特（Robert Rapoport）两人就曾提出过164个定义。我们在本书中所使用的文化的定义，并没有完全区别于其他文化人类学家所下的定义，但是内涵更具有一般性。目前，美国的文化人类学研究遇到了危机：以原始经济为生的人口，是美国文化人类学家最钟爱的研究对象之一，而这部分人口正在逐渐消失。因此，现在他们不得不把注意力转移到现代社会。这样一来，文化人类学就产生了身份危机，因为它与社会学并不存在明显的区别。在方法论上，社会学家使用的许多数据分析方法，却被美国的文化人类学家们普遍忽视和质疑。情况更糟的是，美国的人类文化学爱上了一个以雅克·德里达[1]（Jacques Derrida）为代表的法国当代哲学学派——"后现代主义"。这个学派由一群诡辩家组成，他们对任何形式的科学都表达出严重的不信任。他们认为所有的学科都被资本主义所收买：这些学科为了获得购买实验必需的庞大设备的资金，不得不成为资本主义的驯服工具和帮凶。在斯坦福大学，那些仍然相信科学的人类学家，拒绝跟随那些忠于反科学观点的文化人类学家，两派科学家因此分开建了系。

社会新闻经常出现在加利福尼亚，然后扩展到整个国家。这个现象是最近才出现的，但是在美国的其他地方已经发现了类似

---

[1] 雅克·德里达（Jacques Denida），法国后结构主义哲学家、文学理论家和符号学家。

的苗头。跨学科性仍然完整地保存在人类学系中。然而我认为，这种跨学科性将会在文化人类学与社会人类学中消失。因为他们不热爱科学，只钟爱文字。最近，斯坦福大学新任校长任命了他的妻子为人类学系主任，为的是让人类学的两个系重新合并。我不认识新任系主任，但有一件事是确定的：在这个新系里面，两派学者被迫在同一个屋檐下共事，继续怒目相向，不会是一件愉快的事。幸运的是，我从来没有当过人类学教师。虽然 1967—1968 两年，我在佛罗伦萨大学人类学系工作，但由于身体抱恙，我不得不放弃了。之后，哈佛大学邀请我到人类学系任教，我深感荣幸，但还是拒绝了邀请。因为我想起了迈克尔·勒纳（Michael Lerner）——我的好友，同时也是加州大学伯克利分校人类学系主任，对我说的话：（你到了那儿之后）会不得不放弃科研活动，转而关心一些无关紧要的事，比如学校是否给同事们提供了卷笔刀等大学生活"必需"的物品。

英国没有文化人类学系，在那里人们更喜欢用"社会人类学"这一名称。据说，这一学科并不对科学持反对态度。然而，英国一所大学的社会人类学系主任——艾德·利齐（Ed Leech）写过一篇关于《文化的传播与演进》（*Cultural Transmission and Evolution*）的奇怪的书评。这本书是由我和马库斯·费尔德曼 [1] 共同编写的。在书中，我们展示了一个文化传播的数学模型。文章曾在《自然》杂志上发表。利齐表示，他并不喜欢书中的模型。

---

[1] 马库斯·W. 费尔德曼（Marcus William Feldman），原是一名澳大利亚的数学家，后来成为美国的理论生物学家，主要研究领域为演化生物学。

可以理解为什么他不喜欢数学模型，因为在人类学研究中很少使用。但这并不是说数学模型完全不存在，有些学者甚至开始大量使用。然而，针对一门科学的研究，在经过纯描述阶段后，应当进入下一阶段，即根据已观测到的数据（这些数据可能是新的，获得这些数据的目的就是验证假设的可靠性）做出假设，并评估其有效性。"假设""模型"及"理论"构建了完整的链条，能够针对已观察到的现象给予解释。上面三个词的差别，在于它们的复杂性，以及解释的可信度（依据需要检验的数量而定）。"模型"一词如今使用得越来越广泛，有取代"假设"和"理论"的趋势。我不认为在人类学中对于"模型"的运用，还会像30年前可能会出现的那样，被认为是令人惊讶并且不可靠的手段。

在我看来，模型是一个明确的可被改进的理论。就像所有理论一样，人们期望能够借助模型，理解进一步的观测。当然，也总是伴随可能的改进。更重要的是，模型是一个可控的理论。人们引入了"可证伪性"一词，来替代"可控性"，用于说明人们永远无法断言某个理论是正确的，而只能证明某个理论是错误的（直到我们不再说某个理论是正确的，而是有用的）。

在许多文化人类学或社会人类学的研究中，总有这样一个问题，即总喜欢把研究停留在描述阶段，就像艾德·利齐和许多他的同事那样。如果详细地研究利齐和其他英国及美国同时代的人类学学者的作品，就会发现这个问题是广泛存在的。但不得不说，这些作品中有很多有价值的科学性描述，但他们没有引入任何假设。18世纪，林奈在他的书中对世界植物群与动物群进行了分类，并制定了完整的目录，而这个目录至今仍然未被完全超越：我们只是在此基础上，创造了大量的新名称，如种、属、科、目，并引入了其他体系而已。

20 世纪的美国文化人类学家，想要摆脱早期人类学家种族主义思想的束缚。虽然发展方向是正确的，但方式却不合理，常常出现一些过度反应的情况。有一个例子，就是"文化演进"（evoluzione culturale）这一说法被禁用，取而代之的是"文化变动"（cambiamento culturale）。我在之前章节中，也提到过这一点。对"演进"（evoluzione）这一词的恐惧，应当随着认知的升级而被打破。如今，当我们谈到"野蛮人""原始人""不开化的人"这些字眼时，会变得越来越谨慎和小心。对于这些词，我们最好还是只用在政敌身上为好（这在政坛上倒比较常见）。正如 20 世纪初的人类学家担心的那样，"演进"（evoluzione）和"进步"（progresso）之间没有同一性。我们所有人唯一能够认同的进步，就是生物学和人类社会在不断变得复杂。当然，也包括科技上的进步（科技是人类特有的活动）。而"演进"这个词所表达的，实际上是科技进步带来的好处；但却忘记了一点，即每一次为了改善现状（不仅是发明者收入的提高）而产生的文化及科技的改变，并不只给人们带来了益处，人们还总是要为之付出成本，而且这个成本很难在一开始就被估算出来。可能人类的幸福感并没有因此得到任何提高，而这一点也很难估计并测量出来。在这个重要但又困难的话题上，唯一能够获得一些结论的方式，就是去询问当事人。这件事是可以做到的，并且有人已经做了。获得的结果虽然很难评估，但总是能够从中发现部分真相（至少被询问者表示，幸福感会随着收入的提高而提高）。

此外，"演进"一词在语言学中也不受欢迎。在达尔文进化论的影响下（达尔文实际上把进化树当作理论模型来用），语言学家奥古斯特·施莱谢尔（August Schleicher）于1863年绘制出了印欧语系语言（意大利语也在其中）的进化树。这是已知的最早的进化树之一，并且他所绘制的语言进化树，与现在的相去无几。出于尚不明确的原因，巴黎语言学界颁布了一条规定，禁止对语言进行进化论阐释。一部分原因可能是由于兴起的理论常常过于简单，或缺乏建设性，但宗教也有可能在其中扮演了阻挠的角色：因为达尔文的理论，尤其在其诞生初期，曾受到教会的极力打压。直至现在，巴黎的"禁区"对现在的语言学家还会有所影响，导致他们避开这个话题。但现实的问题是，极少有语言学家会从事多种语言的研究。因此，缺乏对语言之间比较的兴趣。然而，比较语言学却是研究进化理论最有用的部分。多数语言学家以研究一门或少数语言为主，因此对"演进"这一话题缺乏兴趣。

我认为"演进"的含义非常接近"历史"。我们都坚信，历史，也就是演进，是我们了解现在的钥匙。"演进"一词甚至比"历史"更好，因为它的理论基础被越来越多的学科证实。

| 第七章 |
基因、种群、"表型"和环境

　　标题中四个词的定义。种群之间和种群之内遗传变异[1]的分布。遗传变异与"表型"。遗传学与环境。

---

[1] 遗传变异（genetic variation），同一种群中各个体间的基因结构或组成成分的差异以及由此造成其表型的变异。（英汉细胞与分子生物学词典）

遗传学是研究遗传现象的学科。孟德尔通过对生物性状的遗传分析，发现了"遗传单元"，或用他的话来说，"遗传元素"。很长时间以来，这些"遗传单元"被称为基因，即遵循孟德尔定律的遗传性状。单个核苷酸或具有一定长度的染色体片段也遵循孟德尔模型，这一现象也与基因有关。虽然现在对基因的定义，是仅限于生产蛋白质的 DNA 片段。遗传学家能够根据一些标记，判断出不同基因的功能，并且计算出基因的数量（人体染色体组上大约有 25000 个基因）。

蛋白质的化学成分与基因差别很大，它承担着一个细胞的全部功能。蛋白质由氨基酸链组成，它的排列顺序是由基因碱基的顺序决定的。同一个基因可能指导生产不同的蛋白质，有时这些蛋白质之间的差别可能很大。这是因为在尚不完全清楚的机制下，DNA 的其他部分造成的结果。事实上，DNA 中决定氨基酸序列的部分，只占整个 DNA 很小的比例，剩下的许多 DNA 序列可能是完全无用的。[1] 还有一些序列的功能，我们所知甚少，但它们在调节基因功能方面起到了重要作用。

人们对个体之间遗传变异性[2]的了解在增加，虽然对其研究还不是很深入。如果我们取 100 个基因组，去研究这些基因的 DNA 和位于一些基因附近、具有一些实际重要性的序列，就会发现，

---

[1] 这些"无用的"DNA 被称为"非编码 DNA"（Non-Coding DNA），是指不包含制造蛋白质的指令，或是只能制造出无翻译能力 RNA 的 DNA 序列。此类 DNA 在真核生物的基因组中占有大多数。

[2] 遗传变异性（意大利语：variabilità genetica；英语：genetic variability），指形成不同基因型的个体或产生遗传特性不同的个体。主要与突变、基因流动、杂交有关。（英汉细胞与分子生物学词典）

在不同的基因组中，大约每1000个构成该基因的碱基中，就有1个不一样。也就是说，至少有1个被研究的基因组（到目前为止不是很多），由于那个碱基不同，而区别于其他所有基因组。举例来说，一个位于特定染色体中、特定基因的DNA上、一个特定位置上的碱基，在一些基因组中是C，而在其他的基因组中则可能是G。我们回忆一下，构成DNA的碱基（核苷酸）共有四种，分别用A、C、G、T表示。在不同基因组的同一个位置上，出现三个不同碱基的情况极少发生，这是因为突变是十分罕见的。因此，在由核苷酸序列决定的每一个染色体位置上，我们几乎总能找到相同的碱基。极少会发现两个不同的碱基，多于两个的情况更是少之又少。我知道的所有案例中，只有一例是在同一个位置上，出现了三个不同的碱基。其中的一个碱基，造成了一种十分罕见的疾病。

"多态性"[1]（polimorfismo）是指一个核苷酸或一个DNA片段，在同一个种群中同时存在两种不同的基因型，我们称为"等位基因"[2]（allele）。假设两种基因型都十分常见，比如，在100个基因组中，有45个在特定的染色体位置上（单个核苷酸）的等位基因是G，另外55个等位基因是T。很有可能，很久之前出现了某个突变，在自然选择的作用下，一种基因型被青睐。因此，在自然选择的继续作用下，两种基因型最终会变成同一种。事实上，当

[1] 也称多型性。同种生物或同一种群内遗传特征或表型特征存在两个或多个不同类型的现象。雌雄性别的分化，就是一种常见的多态性的表现之一。（环境学词典）
[2] 等位基因（allele），指同源染色体同一位点上一个基因的多种形式中的任意一个。（麦克米伦百科全书）

一个突变出现时，只会出现在一个个体身上。之后需要数代的时间，突变才会传播给种群中的大部分成员。多数突变刚出现时是中性的。在这个染色体位置上，两种等位基因 45% 和 55% 的频率，被称为"基因频率"[1]（frequenza genetica）。像这样，在同一个染色体位置上，出现不同 DNA 的情况，被称为"多态性"。

在此基础上，如果我们在染色体某个特定位置上，发现两个等位基因 G 和 T：G 的频率是 45%，T 的频率是 55%，那么被研究个体所在的种群这个位置上的基因频率应当都具有这个特点。在同一种群内，染色体不同位置的基因频率差别很大。一个种群的染色体任何一个位置上的基因频率，与另外一个种群的会有较大差异。但极少出现染色体组相同位置上的基因频率在一个种群中是 0%，而在另外一个种群中是 100%。除了这种极端情况，多数情况下，许多种群的基因频率在这两个数值之间波动。此外，地理上接近的种群，拥有相似的基因频率。通常情况下，不同种群之间基因频率的差异，在很大程度上取决于随机变化（即"遗传漂变"[2]）；一小部分则取决于不同环境对基因的自然选择。实际上，不同种群之间的平均遗传学差异是很小的。如果我们以个体之间遗传多样性为基础，计算全世界人类各种群之间的平均遗传学差异，我们会发现，各种群之间总差异中，只有 11% 是遗传

---

[1] 基因频率（gene frequency），在某一群体中，某一特殊的等位基因在所有等位基因总数中所占的比例。（中国百科大辞典）

[2] 遗传漂变（drift），指基因频率在群体内由于随机取样而产生的波动。漂变在所有群体中都能出现，但在小群体中效应更为显著。因基因漂变的速率与群体大小有关系：大的群体，基因频率波动慢，小群体则波动快。遗传漂变常被用来说明人类种族间的差异。（简明文化人类学词典）

学差异，其余 89% 的差异是其他原因造成的。

不同种群之间的遗传变异极小，而种族主义者们却凭借这些极其细微的差异，去证明他所在的"种族"是更优越的。还有许多其他证据可以表明，种族主义是毫无道理的。截至 2005 年，科学家计算出不同种群之间的差异约为 15%。这一结果是基于对蛋白质的研究得出的。如果在 DNA 层面进行计算，得到的结果会更为精确。此外，两个计算结果来自不同的种群样本，被用来进行DNA 检测的样本非常有代表性，能够代表全球各种群的情况。在DNA 层面，科学家依据早期人类学家对人种的分类，从五大洲选取了"五大不同人种"，发现他们之间的遗传变异只有不到 4%。这些估算是比较可靠的，虽然可能会随着检测水平的提高而改变。遗传学家们现在仍十分羡慕宇航员、物理学家和化学家。比如，他们对光速或地球与月球之间距离的估算，与最初的结论相比，也发生了巨大的变化，并且仍在变化。但目前计算的精度已经非常高，进一步提高的空间已经不大。而遗传学研究中，对整个基因组计算的精度，只是近期才慢慢达到化学家和物理学家习惯的水平。

现在有必要弄清楚"种群"[1]（popolazione）一词的含义。首先，我们要习惯这个概念：种群由个体组成，每一个个体都携带两个基因组，一个来自父亲，一个来自母亲。这会使情况更加复杂。

---

[1] 种群（population），同种生物在特定环境空间和特定时间内所有个体的集群，亦称"群体"。它能反映生物个体所不具备的特征：密度、年龄、性别比率等。种群在人类学、遗传学、生态学的研究中为基本单位。（人类学词典）

此外，还需要采用统一的标准，这个标准实际上用于决定如何选择一个种群，以及如何在一个种群内部选择个体样本。事实上，选择过程中很难保持严格的标准，且需要放弃很多的细节。重要的是，假如人们想要在同一个种群内选取个体样本，既要易于操作，又要求能够在第二次也得到类似的结论。在基因层面，选择的种群样本应当符合特定的标准，即该种群个体之间，有很大的可能性相互选择彼此作为伴侣。遗传学中有一个十分简单可靠的规则，可以满足这个要求，即"哈代－温伯格定律"，[1]这一部分内容我们在第十一章会详细介绍。人们可能会惊讶于这个定律假设人们"随机结合"。[2]假如在过于广泛的地理范围内选取种群的话，这条定律便不再适用，因为基因的异质水平会不可避免地上升。

选择时，很大程度上还要取决于与种群个体相关的其他数据。例如，人们计算意大利 ABO 血型人群的遗传多样性（关于此方面存在数百万样本的信息）时就会发现，我们并非随机结合，就像使用"哈代－温伯格定律"能够证明的那样。原因很简单，在选择结婚对象时，通常人们会选择与自己的出生地、常住地以及经济状况接近的人。如果选择在同一个省或同一个大区出生的人群

---

[1]　哈代－温伯格定律（意大利语：la legge di Hardy-Weinberg），是群体遗传学的一个基本定律。指一个大的随机交配的群体，如果不存在突变、选择、迁移和随机漂移等因素的影响时，该群体的基因频率和基因型频率将很快（至多经过一代交配）达到平衡状态，即其基因频率和基因型频率将保持世代不变。它是由英国数学家哈代（Hardy, G.H.）和德国医生温伯格（Weinberg, W.）于 1908 年同时分别证实的。

[2]　随机结合是指在有性生殖的群体中，每一个体与该群体中所有异性个体有相等交配机会的繁殖方式。在这类群体中任何一对雌雄个体间的结合都是随机的，不受任何选择因素的影响。随机结合的生物学意义在于保持群体遗传结构的相对稳定性，是哈代－温伯格定律成立的重要前提。（中国农业百科全书）

作为样本，"哈代－温伯格定律"就会起作用，并且会简化很多计算；但如果选取的样本是整个意大利的居民，涉及数以百万计的个体，那么遗传多样性估算的准确性就会大大提高。全世界人类正在变成一个巨大的种群。但从遗传学的角度看，这样的全球化并不是一件好事。在接下来的几个世纪，全球个体之间的遗传变异会保持恒定，与现有水平相比，遗传变异根本不会减少。造成这一特点的原因是由于人类数目庞大。但如果种群数量很少，就会由于遗传漂变而慢慢丧失遗传多样性，后面我们会看到一个非常有意思的例子。

人们"随机结合"的说法看似荒唐，但人们对于婚姻对象的选择，其实是建立在极少的特征之上的：它们只占到基因组多样性中极小的一部分。举例来说，假如人们想要找出丈夫与妻子头发颜色之间的相似之处，就会发现相似性是存在的，并且不是随机的。这种趋势是一直存在的，虽然不是很强。婚姻选择的标准是文化性质的，比如社会经济地位。但社会经济地位能够遗传的部分很少。事实上，出于一个非常重要的原因，有性生殖倾向于尽可能地保持遗传多样性：遗传变异能够让物种拥有更大的可能性，避免被危险所毁灭（如地震、洪水、飓风、饥荒、饥饿、流行病。此外，还有人为造成的威胁，如战争、经济崩溃等）。遗传多样性是对抗未来危险最好的屏障，因为（随机的）突变会带来新的可能，而有一些可能会带来益处。比如，谁能预测到很久以前，欧洲北部成年人饮用鲜奶十分常见（因此他们具有乳糖耐受基因），欧洲南方也较为常见，但在世界其他地方几乎接近于零？

没人知道中国和日本的情况，因为那里成年人没有饮用鲜奶的习惯。之所以会出现这一情况，是因为必要的突变在恰当的时间出现，并展现出了它的优势。虽然决定类似的基因演进的因素通常是文化性质的。

需要强调的一个事实是，自然选择并不直接对遗传多样性起作用；自然选择直接作用的对象是物理多样性，也就是发展的产品，即基因型[1]（genotipo）以及环境的产品，遗传学家称为"表型多样性"（varietà fenotipica）。自然选择能"看见"基因型，而基因型却"隐藏"在 DNA 之中。例如，我们都知道，不同个体之间身高差异是非常大的。而身高就是一个基因型，它受个体的基因和生长环境的影响。再比如，疾病也是一个基因型片段：所有的疾病都受到环境的影响；当然，在几乎所有的疾病中，也存在着遗传学上的影响。传染病是由于出现了我们身体之外的典型的外部寄生虫。在这些传染病中，也可能存在很强的遗传学上的影响。一些传染性疾病，如肺结核，被认为几乎是遗传性疾病：在同卵双胞胎中，如果一个患有肺结核，那么另外一个有 53% 的可能性也患有该疾病；而在异卵双胞胎中（相似度与普通的兄弟或姐妹差不多），这种可能性则会降低至 3% 左右。很显然，观察肺结核在一个种群内出现的频率，只关注遗传方面是不够的，还需要关注引起肺结核的芽孢杆菌。这种菌在某些特定的种群中分布十分广泛。

---

[1] 基因型（genotype），是生物个体的基因结构。由个体的基因组成，决定该个体的身体特征。（麦克米伦百科全书）

有一种隐藏的遗传变异，有时只在子一代中表现出来。类似于个体的隐性突变，即从父母一方继承了一个隐性突变基因，从另一方继承了一个正常的基因。这些父母呈现出正常的表型，但是他们的子女会表现出从父母一方中继承的隐性基因的特点。此外，还存在另外一种隐藏的基因变化，这种变化只在特殊的环境下才会展现。一些基因在不同的环境下，会有不同的作用：在自然选择的作用下，当美洲印第安人体力活动强度很大，并伴随着严重的食物短缺时，这类基因的频率很高；但是当体力活动减少，食物相对充足的时候，这类基因似乎又变成了导致严重疾病，如糖尿病和肥胖的元凶。

"表型"[1]（fenotipo），即个体的结构，是个体在特定环境中发展出的结果。因此，也可以说表型是基因与环境共同作用的结果，更准确地说，是基因与环境相互作用、相互影响的结果。因此，需要强调的是，自然选择作用于表型上，而不是直接作用于基因上。自然选择对表型的影响越大，表型对基因的影响也就越大。人们常常忘记这一点，从而造成混淆，尤其是在一些科普读物中。"环境"一词一度主要是指"食物"。例如，食物在决定个体的身高和体重上起到重要作用。实际上，几乎所有的表型特征，除了受到基因影响之外，还都受到环境的影响，但每个特征受到影响的程度不同。在过去，英语中有这么一个说法，即"自然和

---

[1]　表型（英语：phenotype），又称表现型，生物个体性状。代表遗传性状与环境间作用的结果的总和。（麦克米伦百科全书）

供养"。[1]"自然"指的当然是基因的影响，而"供养"则是环境影响的另外一种说法。这种影响很重要，但却是有限的。"供养"在我们的定义中，是文化的一部分，当然也包括教育（即对"精神和智力"的供养）。因此，"自然和文化"（natura e cultura）的说法要比"自然和供养"更为全面。自然力量独立于文化而存在，但如今文化几乎在各种维度上，都影响着环境的方方面面。

一位在瑞士出生，后来移民美国的发明家，名叫沃特·吉斯勒（Walter Kistler）。他住在华盛顿州西雅图市，在那里他开始涉足不同的工业领域，其中最新的一项就是回收宇宙飞行器。吉斯勒对遗传学很感兴趣，还持有一家"未来基金"。他在一本自传性小书中写下了对遗传学的一些评论。在评论中，他重新阐述了描述自然选择的经典名句。在"适者生存"（survival of the fittest）的基础上，他提出了"可生存者的生存"（survival of the survivable）。凭借所具备的物理和数学知识，吉斯勒比所有他的前辈们都更好地表达出了自然选择的基础定理。这个定理是由罗纳德·费希尔[2]（Ronald Fisher）提出的（Fisher，1930），他是进化论数学理论的三位共同创始人之一（另外两位分别是约翰·伯顿·桑德森·霍尔丹[3]［John Burdon Sanderson Haldane］和休厄

---

[1] 英语：nature and nurture，意大利语翻译过来是"natura e nutrizione"，也译作"天性和教养"。

[2] 罗纳德·费希尔（Ronald Fisher），英国统计学家、演化生物学家与遗传学家。他是现代统计学与现代进化论的奠基者之一。

[3] 约翰·伯顿·桑德森·霍尔丹（John Burdon Sanderson Haldane），英国遗传学家和进化生物学家。

尔·格林·赖特 [1] [Sewall Green Wright]）。吉斯勒的说法，实际上反映了费希尔定义的"达尔文适应度"，即基于一种基因型的（与其他基因型相比）生存和繁衍后代的能力，测量其对特定环境的适应程度。自然选择的强度，就是在这两个纯人口数据基础之上计算得出的。值得一提的是，"适者生存"这一表达方式并不是达尔文发明的，他也从来没使用过这个表达方式，"适者生存"是哲学家赫伯特·斯宾塞提出的。他是"社会达尔文主义"的鼓吹者，把进化描述为除民族之外，个体之间生存的竞争。

　　吉斯勒对表型是"自然＋文化"这一普遍定义的评论也很有意思。他认为应当修正为"自然 × 文化"，因为当其中一个为零，结果就是零。这么说是部分正确的，而实际上两种定义都过于简化了：基因型和环境的相互作用，既不能用数字来概括，也不能用产品来表现，而是通过更为复杂的方式展现，极少数特例除外。读他的书让我想起了一段逸事，我曾经在意大利参议院一个厅内举行的会议上讲过这件事。一天我在乌菲齐美术馆的柱廊下散步，我突然意识到柱廊下立着的 28 尊雕塑都是意大利艺术与科学史上的重要人物，而他们几乎都出生在佛罗伦萨或佛罗伦萨附近。我心生疑惑，是不是在托斯卡纳，更准确地说，在佛罗伦萨，出现了一些至今仍未能解释的"天才基因"，才造就了这个人才辈出的年代。

---

[1] 休厄尔·格林·赖特（Sewall Green Wright），美国遗传学家，在遗传理论的发展中做出了重要的贡献，与罗纳德·费希尔和约翰·伯顿·桑德森·霍尔丹并列为群体遗传学的奠基者。

而之后我想到一个更加现实的解释。经过对这些天才们更为细致的研究后，我发现，他们之中没有人是在 1600 年以后出生的。卡尔罗·奇波拉（Carlo Cipolla）在他的《意大利经济史》中指出，1620 年是意大利经济崩溃的年份。潜在的天灾很可能在世界各地不断出现，虽然发生的频率不总是一样。毫无疑问，从 13 世纪下半叶开始，佛罗伦萨是全世界最富有也是最令人兴奋的城市。就对整个西方世界文化的影响而言，佛罗伦萨的影响力可能仅次于雅典。托斯卡纳地区一直是意大利最发达的地区之一，但经济崩溃之后，不可避免地造成了文化的贫瘠。事实上，计算发展的许多因素的作用及影响时，不应当做加法，而应当做乘法，或者是使用更为复杂的公式。在生物学和经济学中有很多例子，当评估许多因素的共同影响时，正确的方法是使用乘法而不是加法（这也是绘制用于解释个人成长、器官发育、人类活动、耐药性或是不同经济收入的图表的方法）。对于还记得对数的读者，乘法算法通常通过对数表达，底数通常是一个固定的数字，一般是 10。对于不记得的读者，我们举例说明，以 10 为底，1，10，100，1000，1×10^6，1×10^9 的对数分别是 0，1，2，3，6 和 9。

| 第八章 |
对遗传学历史的回顾

　　遗传学历史的三个阶段：对遗传的研究、探索生物基础和进化理论、对基因的化学分析。通过四个方面解释生物进化：突变带来新生事物、自然选择筛选突变、遗传漂变（随机影响并创造种群之间的差异）以及迁移（重新混合与种群分离）。

我有幸师从意大利最好的遗传学家阿德里亚诺·布扎蒂·特拉维索（Adriano Buzzati Traverso）学习遗传学。第二次世界大战前，他以学生身份前往美国求学，于 1983 年去世。那时，他意识到遗传学才是生物学的核心。但当时在意大利，几乎没有第二个人看到这一点。在那个年代，生物学的重点是动物学和植物学，遗传学被视为一门边缘学科。当时虽然也开设了遗传学课，但授课的老师是那些被认为不足以胜任重要课程（动物学和植物学）的助教们。遗传学是由神甫孟德尔于 1865 年创建的，但是直到 1900 年，才有人意识到这门学科的存在。孟德尔阐明了生物性状的遗传法则，这个法则简洁且正确，但对于他所在的时代而言过于超前了。19 世纪末，人们发现当细胞分裂时会出现形状和数量恒定的小体——染色体，它们跳着神秘的舞蹈。这样一来，就很容易理解孟德尔发现的遗传法则。但想要让某些人确信这个简单的事实，仍需要一些时间。

20 世纪上半叶，遗传学进入活跃期。尤其在美国，生物学研究进入了最重要的一个阶段。人们发现染色体是遗传信息的载体。并且凭直觉知道基因，即染色体的片段——拥有形态与功能的单元，具有自我复制的能力，而在这一能力的内部隐藏着生命的秘密。人们发现基因会发生突变，并且突变是一种罕见且随机的现象。由突变带来的变化会在三个维度上被自动筛选，筛选的标准是突变基因携带者在"生存及繁衍"中的表现：也就是突变携带者的寿命，是否能够达到与非携带者相当的水平；同样地，存活下来的携带者，能否繁衍与非携带者差不多数量的子女。携带者拥有越多能够达到生育年龄的子女，那么突变基因在后代中出现的频率就会越高。这可能是由于携带者，也称为"突变体"，在传染病或其他不利环境中存活下来的数量更多。当然，他们生育子女的能力同样重要。如果携带者表现出一种或两种能力（生存能力和生育能力）的下降，导致子女的数量全面减少，那么，这种突变就会根据子女数量减少的比例，以或慢或快的速度被淘汰。这就是我们之前看到的"自然选择"理论，遗传学接受了这一理论。达尔文接受了拉马克关于突变的理论；然而，遗传学表明，突变是自发且随机的。这种对达尔文主义的修正，并通过数学语言表达出来的理论被称为"现代达尔文主义"。[1]

同样是在 20 世纪上半叶，进化理论在突变和自然选择的基础之上，得到了进一步完善，增加了两个非常重要的机制。为了理解进化理论，弄清楚这些机制很有必要。这倒不是出于对生物进化本身的兴趣，而是这四个因素在文化的演进中也同样起作用。尽管我们主要关注文化的演进，但有必要先了解这些因素在生物进化中产生的影响，因为大家对生物进化现象更为熟悉。关于文化演进的研究，人们还所知甚少。甚至第一眼看上去，就连人类学家也很难找到研究方向。因此，我们尝试采用类比的方式帮助我们理解事物，亚里士多德和许多在他之后的学者都曾采用这种研究方法，但类比的前提是明确生物进化与文化演进是两个分离

---

[1] "现代达尔文主义"（意大利语：neodarwinismo），又称为综合达尔文主义，生物进化学说之一。基于达尔文的自然选择理论，以广泛对比、综合为研究手段，用分子遗传学和群体遗传学的成就来揭示进化机制。（中国百科大辞典）

且不同的进程。

　　到目前为止，如果我们承认提到的生物进化的两大要素（突变和自然选择）已经很明确了的话，下面我们将讨论另外两个要素：遗传漂变及迁移。英语中把遗传漂变（deriva[1]）称为"drift"。为了适应印欧语系英化的趋势，我们将采用"drift"一词，因为它有两个优势：首先，英语是一个音节，与三个音节的意大利语相比，更为简化；其次，因为意大利语的"deriva"并没有比"drift"表达的意思更加精确。事实上，对"deriva"和"drift"两个词的选择都不是很恰当，因为两个词均指的是一种趋向，比如说在大洋中随着波浪移动。然而遗传漂变是一个完全随机的现象（用遗传学的语言来说，遗传漂变并没有对某个特定的基因频率表现出增长或减少的偏好）。

　　我们以最早少数人类通过西伯利亚进入美洲大陆这一事件为例，来探明这个现象，并了解遗传漂变的显著影响。之所以举这个例子，是因为在较小的种群中，遗传漂变现象会表现得特别明显。虽然最早进入美洲大陆的人数很少，但当他们开始向南，朝着纬度更低的地方迁移时，由于更为优越的气候条件，他们繁衍的速度得以加快。毫无疑问，他们在相当短的时间内就到达了美洲大陆的最南端。事实上，目前已知最古老的巴塔哥尼亚原住民，是在1.15万年前到达此地的。而人类通过阿拉斯加进入美洲很有可能只是1.5万年前的事，也就是说，人类几乎以每年10千米的

---

[1]　意大利语，意为"漂移，偏移"。

速度向南"奔进"。鉴于美洲是一片完全未知的大陆，这个迁移速度是惊人的。从遗传学角度来看，我们感兴趣的点在于探求最早走出西伯利亚来到美洲的先民，与现在美洲印第安人之间的遗传变异。通过与目前生活在西伯利亚、欧亚大陆和非洲的居民对比，我们猜想，美洲各血型（ABO）人群之间的比例差距应该不大。但事实上，我们发现 O 型血的人数要远远多于 A 型或 B 型。尤其在南美洲，我们只发现了 O 型血居民。在北美，O 型血人群占多数，但在一部分地区我们也发现了不少 A 型血人群，并且只在一个部落里发现了少量的 B 型血居民。当然，我们这里提到的人群，指的都是美洲的原住民，而非来自欧洲的美洲人。

假设最早从西伯利亚到达美洲的人数 N=5，并且一开始群体中各血型的比例分配与目前世界的平均水平相当。那么在 10 代（250 年）时间内，O 型血基因消失的可能性为 50%。血型固化的平均时间会随着 N 的增加而延长：如果 N=10，则需要 20 代的时间，如果 N=25，则需要 52 代的时间，以此类推。如果 A 型血或 B 型血人群不能在数代中增加数量，那么只需几代人的时间内，它们会随机丧失，即出现 O 型血基因的固化（反之，或者出现 O 型血的完全消失）。如果从西伯利亚迁移到美洲的人数翻倍（N=10），并且在接下来数代中数量保持恒定，那么平均固化的时间也会（大致）翻倍。即使固化不在第一批到达美洲的群体中出现，也很容易在接下来的几代中发生，尤其当种群的数量不再增加的时候。在通往南美洲另外一条狭长的通道——巴拿马地峡时，当地复杂的环境引发了同样的遗传漂变效应。通过对概率的计算，我们发现，遗传漂变现象在种群数量较少时尤为明显，并且遗传漂变只取决于在每一代繁衍的个体数量。假设所有北美和南美的先民都是 O 型血，如果我们现在发现他们的后代中出现了 A 型血或 B 型血，那么可能是由于 O 型血基因发生了突变，变成了 A 型血或 B 型血；或是因为新移民的迁入。现在北美原住民的血型以 O 型为主，有一部分 A 型血原住民，可能是在其他的迁移中到来的。除明显后来的移民之外，南美原住民的血型只有 O 型一种。

当然，还可能存在其他的解释。正如前文所说，南美洲印第安人的血型中没有 A 型或 B 型，极少特例除外。不同血型的居民对某些传染病的敏感度是不同的，有可能传染病带来的疫情，使 A 型血或 B 型血的居民消失了。但在美洲印第安人中，我们发现许多类似的例子，比如，一些在世界其他地方很常见的（与 ABO 血型基因不同）基因型，在他们身上却消失了。所以假设 A 型血或 B 型血的消失是由于遗传漂变效应造成的，无疑更接近真相。

我们要记住遗传漂变效应会使遗传变异减少，甚至消失。控制 ABO 血型的基因，是同一个基因的三种不同形态。染色体上控制血型的位置上，只能出现一种基因形态。我们要问，一个孤立的种群（也就是没有其他外来迁移的种群），在遗传漂变作用下，经过长时间的演化后，会出现什么情况？答案很简单：如果种群一开始有三种基因形态，比如 ABO 三种基因型，那么经过很长时间后，只会留下这三种类型中的一种。至于哪一种会被留下，要看运气，也要看三种起始基因形态的频率。现在全球范围内，三种血型的频率分别为 A 型血 22%，B 型血 16%，O 型血 62%。通常情况下，需要经过特定数量的世代之后，才会出现只留下一种基因型的情况。对于喜欢计算概率的人来说，哪一种基因型会留下，与基因型的初始频率有关。如果全世界的人口都变成 O 型血，需要的时间取决于种群数量的大小。如果以目前全世界人口的数量级来看，遗传漂变的效果几乎为零。但如果在一个小的孤立的种群之中，速度就会变得很快。

　　现在我们来看进化的第四个要素——"迁移"。前面我们说遗传漂变效应会使种群的基因型趋向一致。如果种群数量很大的话，这个过程则相应需要更长的时间。但我们这么说时，忽略了其他的限制。为了使表述更加精确，我们需要加上"在种群处于孤立状态、没有其他种群迁入的情况下"。当有其他种群迁入的情况发生时，对迁入数量有很大限制：即每一代只能增加不多于 1 个移民。这样我们才能用概率的语言来说，该种群是完全孤立的。这样就不难理解，如果迁入的种群数量足够大，从遗传学的角度看，种群的融合会使不同种群之间的基因型更为接近。然而迁移并不会使差异完全消失，而会创造出一种平衡的状态。如果两个或多个种群融合，遗传漂变的效应会减弱。在遗传漂变和迁移两大要素之间，会根据各自的力量建立起一种平衡。如果两个要素在很长时间内，强度不发生变化，那么种群会展现出稍有不同的基因组合。他们各自的遗传变异会保持恒定，于是在遗传漂变和迁移之间便达到了平衡。此外，人类发展的历史总是充满了迁移，规模或大或小。比如，之所以在北美的原住民中发现了 A 型血和 B 型血（虽然地理分布上比较独特），很有可能是因为在第一批移民到达美洲后，又出现过几次迁移，只不过他们没有穿过巴拿马地峡。一些文化上的事实也能证明这一点，比如与基因相关的语言地理分布上的差异。

某些情况下，迁移并不会造成基因的同一化。当一个种群从原住地迁出，并且不再保持与原住地的交流时，迁出的种群就有机会形成新的种群，其基因型就会独立于原来的种群，从而独立发生变化。但无论如何，变化总是随机的。关于这方面的内容，美洲提供了一些例子。但还有许多其他的例子，尤其在一些岛屿上，因为这些地方缺乏邻近种群之间那样的持续迁移，更容易形成孤立现象。比如说，撒丁岛可以被认为是地中海上最孤立的地区之一。岛上的居民就表现出了与周围陆地上其他种群显著的遗传变异，同时也表现出了明显的文化差异，但对于后者很难进行精确的测量。

我们想提醒大家的是，遗传漂变并不是造成差异的唯一力量，"自然选择"也同样在起作用。因为在不同的环境中，不同的基因形态所展示出的优势是不一样的。因此，自然选择能够在空间和时间的维度上，为不同的种群之间带来遗传变异。而迁移是一种对抗力量，与遗传漂变的情况相同，迁移也与自然选择之间形成了一种平衡。但造成差异最普遍的力量是突变。与遗传漂变和迁移不同的是，突变作用在个体之上，创造出不同的个体（这种情况十分罕见），影响十分缓慢。但是从长期来看，突变与自然选择以及其他要素之间，也能够建立起平衡。通常情况下，在任何时间点研究一个种群，各进化要素之间总是平衡的，除非发生特殊的或近期的变化，以致平衡尚未形成；又或者某些进化的要素发生了改变。

还是关于遗传漂变，它对不影响生存或生育能力的突变（占突变的大部分），即中性突变（也就是自然选择不发生作用的突变）的作用格外明显。这些突变之所以发生，只是因为运气在起作用。因此，造成差异的唯一力量就剩下遗传漂变了。它在人数少的种群中效果明显，而对于人数较多的种群，除非经过相当长的时间，否则效果很微弱。在这种情况下，它对突变的影响更大，即它会影响突变的频率。尤其在如今的人类种群中，遗传漂变制造差异的重要性要大于自然选择。因为人类大部分的适应度是通过文化途径实现的，而文化适应度并不会像遗传适应度那样，影响基因的频率。

理解生物进化的基础是有益的。通过文字和数据展示的数学理论，能够帮助我们谈论一般性的情况，以及理解其他任何形式的进化。例如，生命体的自我复制，即从亲代到子代常规单元的遗传（在生物进化上则是基因单元）。在文化的演进中，自我复制的物质不是 DNA，而是思想。是思想构成了我们的认知基础、习俗文化等。这些东西也能够"遗传"，一部分由父母传给子女，另一部分则通过不同的方式，从不具有亲缘关系的人那里获得。文化传播的周期不像生物学那样，它并不限于一代的时间，可以很短（比如我们通过电话或广播获取新闻），也可能很长（比如我们通过阅读《荷马史诗》，了解特洛伊战争中的事件）。两种进化之间的相似度看起来很低，而实际上却并非如此。我们从父母那儿习得某些东西的过程与遗传的过程具有很多的相似性。当我们从一个朋友那儿听到一个笑话时，从数据上来说，就很像传染病传播的情况。对两种情形，都存在相应的数学理论，能够预测特定现象的发展。

遗传学家没有多少机会去研究笑话传播的现象。对人类而言，人体 DNA 是无法由一个人传染给另一个人的，至少这种现象极其罕见。然而，这种现象在细菌中却很常见（它们能够相互传播较短的 DNA 片段），甚至出现在不同物种的细菌之间。某科普报刊曾发表过一篇文章，报道了某种传染病的 DNA 从"肠球菌"（enterococco）传播到了"葡萄球菌"（stafilococco）上。这则新闻很重要，但却不是个好消息。因为在这种情况下，一个 DNA 从一个细菌传到另外一个细菌上，决定了它对一种叫"万古霉素"（vancomicina）的抗生素的耐药性。葡萄球菌发展出了对所有抗生素的耐药性，除了这最后一个——万古霉素。可惜的是，现在它们攻克了最后一座堡垒。20 世纪医学上最大的成就，就是取得了与传染病之间斗争的胜利。但人类仍要继续努力，不能松懈。

尽管生物进化与文化演进的相似性只是表面的，但需要强调的是，这种相似性是存在的。推动科学进步的常见方式是做出假设，用以解释观察到的现象，并且判断这些假设是否有助于提高对现象的理解，以及是否有能力去预测这些现象。在这里我们要肯定的是，生物进化理论能够有益地类推到文化演进的研究中。此外，在人类和许多动物中，两种演进都会发生。两者通常会相互作用，我们在后面的部分会看到，这也创造了一种现象，我们称为"共同演化"（coevoluzione）。

在展开这个话题之前，有必要对遗传学最后一个阶段的发展，做一个简要总结。1950年前后，遗传学已经完成了对遗传现象的研究，并且确定了涉及的主要位置和生物结构。一位著名的理论物理学家，由于政治原因移民到了爱尔兰，他的名字叫埃尔温·薛定谔（Erwin Schrödinger）。他于1944年撰写了一本书，书名为《生命是什么》（Che cos'èla vita）。在书中，他对遗传学理论进行了总结。在那个年代，人们对构成生命体物质的物理和化学结构还所知甚少，尤其对遗传物质一无所知。他在书中谈到了20世纪30年代，在德国完成的一些实验：研究指出了"基础物理单元"（也就是原子）的存在。对于这些单元，人们能够通过生物物理手段，测量出其大小，但仍需要进一步探明它们的化学性质。当时唯一清楚的是，遗传物质的化学基础，应当是建立在两种不明的分子结构之上的。但这两种分子可能很大，并且结构复杂：它们是核苷酸（DNA及RNA）和蛋白质。因此，需要在这两种物质之间做出选择。早年的一个德国科学家提出了关于DNA化学结构的理论。但该理论似乎排除了DNA有如此大的重要性，以至于能够决定极度复杂的生物现象。但在1943年，奥斯瓦尔德·埃弗里（Oswald Theodore Avery）、科林·麦克劳德（Colin McLeod）、麦克林恩·麦卡蒂（Maclyn McCarty）三人在纽约洛克菲勒基金资助的实验室，做了一个关于细菌的基础实验，证实了位于染色体上，并构成染色体一半成分的遗传物质就是DNA。而蛋白质的重要性在另外一个实验中也被证实。1949年，莱纳斯·鲍林（Linus Pauling）和他的学生哈维·伊塔诺（Harvey Itano）在对一种遗传性的贫血症——镰状红血球贫血症[1]的研究时发现，这种疾病是基因突变造成的。突变导致血液中最重要的蛋白质——血红蛋白，发生变异。自那时起，"分子的"（molecolare）一词首次被用在生物学中，之后在遗传学中也被广泛使用。莱纳斯把患有镰状红血球贫血症患者的血红蛋白，与正常人的血红蛋白放在一个电场之中（这一方法被称为"电泳"[2]），发现两类血红蛋白移动的速度不同。在此基础上，他将镰状红血球贫血症归为分子型病理学的病例。

　　揭开遗传信息结构神秘面纱的大事记发生在1953年。这一年，詹姆斯·沃森[3]（James Watson）与弗朗西斯·克里克[4]（Francis Crick）共同提出了一个DNA结构理论，能够解释这些自我复制的生物分子的许多特质，也就是生命的秘密。就这样，在20世纪50年代开始了分子遗传学的研究，使人们探明了核苷酸与蛋白质的结构，以及DNA如何指导合成蛋白质的机制。这一时期涌现了众多重大的生物学发现。1955年阿瑟·科恩伯格[5]（Arthur

---

[1]　镰刀型红血球疾病（Sickle-cell disease，SCD）是一组通常由双亲遗传而来的血液疾病。其中最常见的一种类型，叫作镰状红血球贫血症（Sickle-cell anaemia，SCA），该疾病会引起红血球中的载氧血红蛋白异常。在某些特定的情况下（通常是缺氧状况），红血球会变成坚硬的镰刀型。
[2]　"电泳"（意大利语：Elettroforesi），在外加电场的影响下，带电的胶体粒子在分散介质中作定向移动的现象。
[3]　詹姆斯·杜威·沃森（James Dewey Watson），美国分子生物学家，20世纪分子生物学的牵头人之一，与弗朗西斯·克里克共同发现DNA的双螺旋结构。
[4]　弗朗西斯·哈利·康普顿·克里克（Francis Harry Compton Crick），英国生物学家、物理学家及神经科学家，与詹姆斯·沃森共同发现了DNA的双螺旋结构。
[5]　阿瑟·科恩伯格（Arthur Kornberg），美国生物化学家，因在酶化学方面的工作，1959年他与西班牙裔美国生物化学家塞韦罗·奥乔亚共同获得了诺贝尔生理学或医学奖。

Kornberg）发现了一种特殊的酶——"DNA 聚合酶"。在这种酶的帮助下，DNA 自我复制的实验得以在试管里重现。"基因编码"（codice genetico）发明之后，实现了 DNA 碱基与蛋白质氨基酸之间的翻译。DNA 链由四种碱基（A、C、G、T）构成，而蛋白质链中有 20 种氨基酸，只需知道三个碱基，就能确定一种氨基酸。60 年代的一系列实验证明，基因的 DNA 碱基序列，决定了蛋白质中的氨基酸序列，蛋白质的合成由基因指导完成。

科学上的发现使人们明白，DNA 的突变导致镰状红血球贫血症患者的血红蛋白结构发生了变化——是突变造成了贫血。血红蛋白由四个分子构成，分别是两个 α 亚基和两个 β 亚基。α 亚基和 β 亚基结构十分相似，但受到不同基因的控制，分别位于两条不同的染色体上。α 亚基和 β 亚基分别由 141 个和 146 个氨基酸组成。在控制 β 亚基的基因中，负责第六个氨基酸的合成的碱基发生了突变，从而导致了镰状红血球贫血症。在正常的基因中，控制第六个氨基酸（被称为"谷氨酸"，glu）的三个碱基是 CTC。第二个碱基 T 发生了变异，变成了 A；但是 CAC 三个碱基组合并不能制造谷氨酸，而制造出了另外一种氨基酸——"缬氨酸"（Val），它的化学性质与谷氨酸不同（"缬氨酸"不是酸）。血红蛋白构成血液内大部分的红血球，它们从肺部将氧气运输到各个组织内。镰状红血球贫血症患者的血红蛋白会"结晶"，从而导致缺氧。在这种情况下，血红蛋白内的晶体会造成红血球的变形和破裂。因此，就出现了"镰状"红血球贫血症：因为在显微镜下观察到，红血球不再是圆形的，由于血红蛋白内部结晶而呈现拉长形的（呈现镰刀状）。疾病的症状可以解释为突变造成的后果。

就这样，科学家开始了对遗传信息的载体——DNA的解密。在刚刚结束的20世纪，科学家完成了对人体23对染色体上完整基因组的分析，确定了约30亿个碱基的顺序。毫无疑问，这是有史以来最伟大的化学分析。目前已经确定了25000个基因的结构，然而，其功能仍有待进一步研究。不控制蛋白质合成的DNA占据了基因组的绝大部分，但是对于它们的功能我们还所知甚少。可以肯定的是，有一部分"自私的基因"[1]（DNA egoista），它们并没有明确的功能，但可能是从外部进入了DNA，像寄生虫那样不太容易清除。许多DNA序列被认为是寄生虫式的，它们能够移动到基因组的其他地方。但幸运的是，这种情况发生的概率很低。当这些DNA片段入侵到重要的基因序列时，可能会造成严重的突变。但是我们对大部分DNA片段的功能还缺乏了解，这不禁让人思考，人们可能高估了"自私的基因"的比例。现在人们开始研究人类个体DNA的差异。据估计，在两个人的基因组共计30亿个碱基中，差异可能在千分之一左右。

进入21世纪后，人们对基因组有了爆炸式的了解，我们会在下一章看到。许多发现引发了人们对重要文化现象的反思，新发现也将继续引发人们的思考，比如男女之间的差异。

---

[1]《自私的基因》是英国进化生物学家理查德·道金斯于1976年出版的书，主要关于进化论，其理论构筑于乔治·威廉斯（George C. Williams）的书《适应与自然选择》（*Adaptation and Natural Selection*）之上。道金斯使用"自私的基因"来表达基因中心的进化论观点。这种观点和基于物种或生物体的进化论观点不同，能够解释生物体之间的各种利他行为。两个生物体在基因上的关系越紧密，就越有可能表现得无私。

| 第九章 |
从基因到基因组

　　DNA 化学成分的发现，为追溯人类进化送去的第一个重要礼物，使研究母系遗传（通过线粒体 DNA）与父系遗传（通过 Y 染色体 DNA）成为可能；同时也证实了之前基于蛋白质研究获得的结果，并提供了一个更加洞察入微的研究工具。科学家能够直接研究人类基因组，即 DNA，是遗传学上的重大飞跃。因为这使研究整个基因组成为可能，从而改变了 21 世纪的遗传学面貌。

人类进化史上所有最重要的阶段都发生在非洲，包括最后一个阶段。我们在之前提到过，6 万年前，东非的一个小部落开始了一种新的、有规律的扩张活动，并在接下来的 5 万年间，使人类遍布于世界的各个角落。人类起源于非洲的地点与大致时间是根据考古发现推测的。然而，对当时部落的人口规模及基因特点的推测，则是通过遗传学分析得到的。1987 年，加州大学伯克利分校生物化学教授阿兰·威尔森（Allan Wilson）完成了对线粒体中 DNA 的研究，第一次独立证实了人类所有成员都源自非洲（威尔森教授在完成这一研究后不久就去世了）。线粒体是直径为 1—2 微米的小粒子，存在于动物和植物的每一个细胞之中。线粒体中有一小段 DNA 片段（线粒体 DNA 或 mtDNA），能够记录古老的演化路径。线粒体 DNA 通过母亲，向所有子一代遗传。正因如此，依据该段基因信息，能够构建起一棵进化树——一个真正的母系家谱。它能够将我们带回到一位共同的母亲那里，即著名的"非洲夏娃"。进化树是基于线粒体 DNA 的突变重建的。每一次突变都会形成新的基因变化，并被记录下来。根据这些记录，便能得到线粒体 DNA 的进化谱系或进化树。后来的研究发现，通过对 Y 染色体的研究，能够重建人类父系族谱的进化树。我们每一个人都拥有 23 对染色体：一半来自父亲，一半来自母亲。与人类不同的是，灵长类动物拥有 24 对染色体。这一点可能让很多觉得自己与猴子不同的人感到宽慰，比如达尔文的敌人们。而事实上，只不过是人类有两条染色体发生了融合而已。

人类的第 23 对染色体（XY 或性染色体）与其他 22 对染色体

不同。女性拥有两条形态一致的 X 染色体，尺寸与其他 22 对染色体相比，处于中间水平。但是男性只拥有 1 条 X 染色体和另外一条小很多的 Y 染色体。Y 染色体只能通过父亲传给儿子，决定子一代的男性性别。Y 染色体并不具有更多其他的功能。通过一些研究发现，拥有两条 Y 染色体的男性，以及极罕见情况下，拥有甚至多于两条 Y 染色体的男性，与其他正常男性唯一明显的区别，是前者身材更为高大。因为身高是由 Y 染色体数量决定的。研究表明 Y 染色体拥有控制身高的基因，造成男性身高要高于女性。

依据观测到的 Y 染色体突变，能够重建人类父系族谱的进化树，并且准确度比依据线粒体 DNA 重建的更高。因为 Y 染色体 DNA 突变更少，几乎没有在染色体同一个位置上出现多个突变的情况（而这种情况会在线粒体 DNA 中发生）。这样一来，就不会出现不确定的情况。拥有这两个基因原始模型的现代人祖先被称为亚当和夏娃，两人都是非洲人。

需要立即澄清的一点是，不要对现代人都源自一个共同的祖先（亚当或夏娃）的说法产生错觉：历史上不存在那么一个时刻，只存在一个男人或一个女人，即所有现代人的"父亲"和"母亲"。人类之所以拥有来自同一祖先的唯一血统，是由于一个无法避免的统计学上的原因。因为每一个 DNA 片段，都是独立于其他片段的。实际上，在每一代中，都会有相当比例的家庭没有子女。因此，对于一个独立的特定 DNA 片段，在不断往前追溯的过程中，祖先数量总是在减少，直至最后拥有那个 DNA 片段的祖先只剩一个。

根据考古发现，发生突变的速度是可以计算的。因此，可以推算出现代人祖先生活的大致时间：亚当生活在距今 10 万年左右，比夏娃约晚了 5 万年。可见，现代人的共同祖先，并不是像《圣经》中所写的那样是同龄人。对亚当和夏娃生活时代的差别有一个有力的解释：我们在触及问题实际核心之前，忽视了一个统计学事实，即男性在那时为"多配偶制"。时至今日，在许多非西方国家中，一名男性还平均拥有 1.3 个妻子。

看来，生物学无法与《圣经》前几页讲述的内容达成一致。此外，这也并非《圣经》中唯一错误的部分。比如，我们还记得《圣经》记录上帝在 7 天时间内创造了整个世界。这里"天"（giorni）一词用法可能是比喻义的，实际上指的是"纪元"（epoche geologiche）。

通过线粒体和 Y 染色体，我们分别构建了现代人父系族谱与母系族谱的进化树。早在非洲的夏娃被发现的 25 年前，人们已经开始使用特定数量的、来自父母双方的遗传标记（男性的 X 染色体除外，因为 X 染色体只来自母亲）来构建现代人的进化树。但是这些进化树的问题在于，全部的 DNA，即基因组，是父亲与母亲基因组的总合。因此，依据 Y 染色体和线粒体 DNA 建立的进化树，无疑更准确、更简洁，也更精致。

人们可能会认为，达尔文也绘制了许多类似于我们今日使用的进化树。但实际情况是，或许为了避免可能出现的误解，他只绘制了一幅非常一般性的进化树——一个简单的理论模型。奥古斯特·施莱谢尔（我们在第六章提到过他）绘制了第一个人类语言进化树，对印欧语系各语言进行了分类。这项研究发表于 1865

年，只比《物种起源》晚了 6 年。即使以今天的标准衡量，这项研究也具有极高的准确性。但当时语言学家之间也出现了反进化论的力量。法国语言协会在一次著名的立场选择会议上宣布，进化论性质的论断是不可接受的。可能因为他在书中使用了一些对宗教不敬的例子，也可能受到了许多宗教极力批判达尔文《物种起源》的影响。这种迎合主流的潮流，至今仍展现出惊人的影响力。以至于到现在，大部分语言学家仍然在默默地遵守着这个禁令。

直到几十年前，通过进化树研究人类进化的做法，几乎都是基于对蛋白质（蛋白质是我们体内生产的复杂的物质，负责使建立生命体成为可能的化学现象）之间细小差别的研究。历史上最早的此类研究，是我和年轻科学家安东尼·爱德华兹（Anthony Edwards）（1962）一起开展的。我们当时研究的遗传标记是血型。"血型是遗传的"结论于 20 世纪初便被证实，但血型的化学性质是多年后才被探明的。对血型的免疫学研究，为输血的成功起到了至关重要的作用，也使人们发现了由于单个核苷酸突变而产生的差异。人们能够重建整个种群的族谱，或重建组成该种群的个体的家谱。当然，比起真正的族谱，这些重建的谱系，会不可避免地更为粗略。在这方面研究的第一个案例中，科学家筛选了 15 个土著居民（即仍然生活在种群起源地的居民，每大洲三个）种群的血型样本，共收集到了 20 种血型免疫学反应频率的数据。

我们在上文中说过，指导任何生命发展的全部 DNA 是按序列分布的，也就是说，人们能够获得个体完整基因组（来自父亲和母亲的基因组合）的核苷酸（构成 DNA 的物质）序列。单个

DNA 片段的化学结构，比蛋白质的结构要简单得多。每个染色体上完整的 DNA 序列好比一本书，由一个接着一个的字母组成，按照线性排列。不过在书中，序列被分成单词、段落和章节等。DNA 由细长的丝状物质组成，而每一个丝状物构成了一条染色体。实际上，DNA 就像一本词与词、章节与章节没有间隔的书。但在 DNA 序列中还是有起始和终止标记的，它们功能各异，例如指导蛋白质的合成。正常情况下，我们能在细胞分裂时，通过显微镜观察到染色体呈现杆状形态。目前，人类已经探明了许多有机体每一条染色体上 DNA 的核苷酸序列，也就是整本书。

蛋白质由 20 种不同的氨基酸线性排列而成，而组成蛋白质的氨基酸数量从几百到几千不等。一旦一种蛋白质合成，就会呈现出特定的三维形态，这是由组成它的氨基酸（非常复杂）的排列顺序决定。同时，序列也决定了蛋白质的活动与性质。

针对单个 DNA 片段，以及它们各自差异的遗传学分析始于 20 世纪 80 年代初。一开始，研究进展十分缓慢。因为当时的手段，无法直接分析越来越长的 DNA 核苷酸序列。直到 20 年后，在 21 世纪初，科学家才最终完成了对现代人完整遗传信息（基因组）的测序工作。第一项人类基因组的研究，是基于不同个体的 DNA 进行的。但近年来，已经能够读取个体完整的遗传信息，即全部 DNA 核苷酸序列，包括分析来自父亲和母亲的基因组之间的差异。这是一项惊人但同时十分昂贵的成就。第一个被完整破解并且公开发表出来的人类基因组来自克莱格·温特（Craig Venter），他是著名的生物学家、商人。他在庞大的私人资助下，开发了一种新测序手段。虽然他的研究晚开始了 10 年，但还是赶在美国政府之前，率先完成对人类完整的基因组测序工作。

两组研究人员的成果于 2000 年，由美国总统克林顿发布。这个时间稍早于研究的完成时间。之所以采用这种冒险策略宣布两个项目（温特的项目和美国政府的项目）的成果，是为了显示两组人员好像同时达成目标，使政府项目的低效显得不那么"丢脸"。温特大量使用自己的 DNA，这样一来，他能够迅速开展研究并对 DNA 进行测序。这一行为具有重大的政治意义。因为许多人不仅表示反对研究结果的发表，甚至反对任何针对个人基因组的研究。因为他们担心，研究会对 DNA 的"主人"造成危害。后来，其他人的完整的 DNA 序列也被测出，其中就有吉米·沃特森，政府人类基因组研究项目的第一负责人。因为与美国国家卫生研究院院长意见不合，他在多年前就辞去了这一职位。

近几年来，发展出了没那么昂贵的研究方法（但仍然需要大量的资助），对特定片段的基因组进行测序。出于对成本的考量，在开展研究时，科学家会选取对所有遗传学分析均非常重要的 DNA 片段。因为人们知道，在分析不同个体 DNA 时会有差异，但是几乎都与基因直接相关。

我们前面说过，人类的 DNA 由 31.6 亿个化学单元组成，分别是核苷酸 ACGT，也称为"碱基"。可以把人类的基因组比作一本分成 23 册的百科全书，每一个染色体对应一册书，而构成染色体的核苷酸就是书的正文，它们以碱基的形式按照顺序依次排列。个体的全部染色体位于每一个细胞的细胞核之中，当每次细胞分裂时，染色体进行复制，以保证每个子细胞都能从母细胞那里获取一套同样的 DNA 信息。

　　实际上，每个人都会从父亲和母亲那里分别得到一套完整的基因组。因此，新的 DNA 由 23 对染色体组成，组成一对的染色体都呈现相同的形态和大小。精确的细胞分裂机制，保证每一次细胞分裂的过程中，产生的两个子细胞都拥有一组完美的 23 对染色体。但是男性精子和女性卵细胞在产生时，会分裂两次。因此，每个人都会从父亲和母亲那里分别得到 23 条染色体。

　　DNA 经典的双螺旋结构已经为很多读者熟知，为了更好地解释 DNA 的结构，我们在后文会采用 DNA 结构的简化模型。到目前为止，我们在论述 DNA 的基础单位时，都是以单个脱氧核苷酸作为模型。但实际上，DNA 中的脱氧核苷酸总是成对出现的。如果这些没有给您在阅读时造成困扰的话，我建议您跳过下面段落，转至下一章节。DNA 的双螺旋结构，可以简化成一把规则的、螺旋形的、在空间中延展的梯子，梯子的每一级由两个碱基连接构成。但在合成蛋白质的过程中，DNA 的双链会打开，只有携带一半核苷酸序列的单链参与此过程。梯子每一级的一半，就是一个核苷酸。

　　如今大家已十分熟悉 DNA 的结构，在此无须赘述。在许多城市，如北京，就有一座纪念沃森和克里克 DNA 模型的雕塑。构成 DNA 的每一对碱基通过氢键相互连接。但这种连接很弱，只要在实验室里将其暴露在 37℃以上的环境中即可打开，这个温度要比正常化学反应所需的温度低得多。通过打破这种弱连接，DNA 双螺旋结构就很容易纵向分成两半。通过这种方式，DNA 完成从母细胞到两个子细胞之间的复制：即原有的 DNA 双链结构打开，变成两个单链结构；新的 DNA 分子以原来的两个单链作为模板，分别合成两条与模板完美对应的新链。配对的过程遵循碱基互补原则：两条单链各保留一半原来的 DNA 信息，在原先碱基的基础之上，形成与之配对的碱基。比如，原来的碱基是 A，配对的就是 T，同理 T 对 A，G 对 C。因此，在形成的新 DNA 双螺旋结构中，每一对碱基要么是 AT，要么是 GC，从而形成了两条与原结构一模一样的 DNA（DNA 完成复制）。在互补原则下，DNA 双链之间是相互限制的。比如，我们选取一个含有 7 个碱基的单链 DNA 片段是 AAGTCGA，那么与之对应的另一半则是 TTCAGCT。

通过将 DNA 双链进行拆分，我们对 DNA 的分子结构有了更为直观的了解。这样做也是有理由的，因为在蛋白质合成的过程中，只有一条 DNA 单链参与。了解 DNA 双链的互补原则，无论是对了解 DNA 结构本身，还是对了解 DNA 复制的机制来说，都至关重要。DNA 复制的过程，就是双链打开，形成两条单链，再依照碱基互补原则，形成两条新的完整双链的过程。每一对碱基 AT（TA）和 GC（CG）的长度是一样的。因此，DNA 双螺旋结构的直径是恒定的，DNA 分子不会出现凸起。沃森和克里克利用 X 光对 DNA 晶体的空间结构进行研究，确定了两个成对碱基之间的厚度及距离。这也是帮助两人研究出著名的双螺旋理论的重要论据之一。

| 第十章 |
生命的秘密

　　人们比不久前更加了解生命的秘密。生命体能够复制与自己相似的生命体。复制过程需要一个组建新的、相同生命体的程序，还要一台能够运行这个程序的机器，以及操控这台机器的工人。这个程序是 DNA，检测它运行状况最好的工具是人口。这个工具为我们提供了测量推动所有生物进化力量——"自然选择"的钥匙。

人们常说生命是个谜，而如今我们已经解开了许多生命之谜。首先，什么是生命体？生命体是一个复杂的有机体，它拥有创造与自己相似有机体的惊人能力，即生命体能够自我复制。

为了达成自我复制的目标，生命体进化出了一套复杂的机器。这台机器的运行，由一套包含复制整个有机体运行指令的程序控制。这台机器的组成部件之一是 DNA 的衍生物，叫作 RNA（核糖核苷酸）。它与 DNA 的差别在于糖（DNA 首字母为 "D"，代表脱氧核糖 "Deossiribosio"；RNA 首字母为 "R"，代表核糖 "Ribosio"）。机器的其他组成部件还包括上万种不同的蛋白质及其他物质。这台机器由专门的 "工人" 负责操控，它们是不同种类的蛋白质。而程序是 DNA，它负责指挥建造并运行机器，实现自我复制（更准确地说，DNA 指挥它所制造出的工人，去复制它自己）。工人们接受指令从环境中获取食物，并把食物转化成有效的物质，用来构建生命体的躯体。机器由 RNA 和蛋白质组成，它负责 DNA 的复制，并把复制的 DNA 传到子一代中，从而实现自我复制。

我们之前已经说过多次，遗传性的变异，即发生在我们身体上并且传到子一代的变化，源于 DNA 的改变，这个变化被称为 "突变"。最常见的突变是一个核苷酸替代了另外一个，这是 DNA 在复制过程中产生的错误。之后错误通过男性和女性的生殖细胞，即精子和卵细胞传给子一代。并且这些错误是随机发生的。达尔文指出，这些遗传性的变异，即 "突变"，出现的时间很晚。突变是生物进化的首要原因，关于这个结论，他的前人——拉马克，早于他 50 年就已经证明了其真实性。但达尔文指出了一些突变被接受的原因，即突变带来的变化，使物种能够更加适应它所生存的环境，他把这称为"自然选择"。自然选择会自动筛选有利突变并删除有害突变，通过这种方式，提高物种在其生存环境中的适应度。

人们通常把这套机制称为"适者生存"，但这个表达方式并不是达尔文发明的。此外，这是一种"目的论"的解释。我想再三强调的是，基因突变与自然选择并不是选择更适应或更不适应的"智力游戏"，好像在指导父母如何选择更好的子女。而事实上，这是一种不受控制的现象。突变是随机发生的，并且十分罕见、不可避免。此外，突变对外部影响并不敏感，除了一些物理的环境影响（如看不见的辐射、紫外线或其他更强烈的辐射等）或化学影响（一些物质会作用在 DNA 的化学结构上，影响 DNA 的新陈代谢，从而提高突变发生的频率）。环境或父母无法选择制造能够提高适应度的基因突变。

突变是传给子代的 DNA 在复制过程中出现的错误。自然选择能够自动识别并接受有益突变，移除不利甚至有害突变。个体的自我复制，使生命得以延续，进而形成种群。个体繁殖的数量越多越好，如果每一代中个体繁殖的数量都在增加，那么物种就会繁荣；反之，如果出现衰减，那物种就有可能消失。"中性突变"（即不会带来任何改变的突变）也是被充分接受的，因为它可能比原来的基因型更能适应新的环境。

应当正确地理解和使用"适者生存"这个概念。一个英俊、强壮、友善且聪明的人，似乎拥有了在社会上取得成功的全部品质。但假如由于生育原因，他无法生育后代，那么所有他那些令人羡慕的品质，就不足以对进化造成影响，他的天资禀赋也无法通过基因传递给子女。因此，"适应"一词应当在综合考虑各方面因素之后，用在那些有能力在适时年龄生育后代的人身上。通常很难理解或评估究竟是解剖学、生理学、病理学或心理学中的哪些因素决定了上述能力。但人们可以通过对比拥有某个特定遗传特征的携带者和种群中其他不具有这种遗传特征成员的平均繁衍能力，对某个特定遗传特征在其生存环境中的适应情况进行精确的评估：更适应的特征平均会繁衍更多的后代，且后代能够生存到再次繁衍的年龄。此外，他们的后代会拥有更强的生育能力。

事实上，"更适应"的类型以及对生存环境的平均适应程度，可以通过简单的人口统计学研究来确定（生存和生育的概率是人口统计学中最重要的数据）。当人们检测到造成上述数据降低的因素时，比如出现造成生存或生育概率降低的遗传性疾病，就很容易确信其正确性。自然选择倾向使遗传性疾病发生的概率保持在极低水平。因此，遗传性疾病极其罕见，但又是有害的。如果在每一代中，突变不再带来遗传性疾病，那么这种疾病就会完全消失。在一个种群中，一种遗传性疾病的影响，取决于造成这种疾病的突变基因的频率，与该疾病造成的生存或生育概率降低程度之间建立起的平衡。

进化层面的适应度，可以通过特定的遗传特征（不管是否是疾病）计算。使用的就是上面提到的种群数量统计数据，生物学上称之为"达尔文适应度"。这个数字可以大于或小于1，这取决于突变带来的结果是大于还是小于种群平均数。如果与种群平均数相近或一样，那么适应度就等于1，即突变类型为"中性突变"。根据适应度的数值，可以计算在特定的世代中，该突变的特征在种群中变化的速度，从而了解该特征是在扩张、消失还是稳定在一个平衡的水平。计算时，还需要考虑其他遗传学上十分重要的概念和数据。比如，要知道遗传特征是如何遗传的。想要找到答案，需要求助于孟德尔定律。事实上，适应度指的并不是单个的等位基因，而是个体内的一组两个等位基因（父亲和母亲各一个）。对基因在种群和时间维度上活跃度的研究，是种群遗传学数学理论的重要组成部分。种群遗传学于 20 世纪 20 年代兴起，创始人是我们在第七章提到的几位遗传学家——两位英国人费希尔和霍尔丹，美国人休厄尔·赖特，以及日本人木村资生[1]（Motoo Kimura）（还包括在他之后的许多遗传学家）。

随着时间的推移，被自然选择青睐的遗传特征会在种群中增加，即适应度大于 1 的情况。当适应度数值越高，这一过程就越快。那些适应度小于 1 的不利突变则会减少，到最后只会留下有益的遗传特征。不利的遗传特征会消失，虽然不会完全消失，因为突变会继续带来遗传特征的改变。鉴于突变是复杂有机体内出现的随机变化，新突变更有可能是有害的，而非有益的。我们正是要在有害突变中，寻找遗传性疾病的源头，这也是遗传医药学研究的对象。如果把一个时钟齿轮上的一个齿去掉，或把齿轮上其他任何一部分去掉，那么时钟将很难继续正常运行下去（虽然并非不可能）。

---

[1] 木村资生，日本生物学家。1968 年，提出分子进化的中性学说。认为分子水平上的大多数突变既不是有害的也不是有利的，而是中性的或近中性的，自然选择对它们不起作用，它们靠随机漂变或保存或消失，很多代以后形成分子水平上的进化性变化或种内变异。（人类科学发现发明词典）

　　总之，用"适者生存"来描述自然选择是不够的，因为表述不够准确。在进化的语境下，"更适应环境"的含义，实际上是"一个个体与种群内其他成员相比，平均拥有更多数量的后代，且后代与种群中个体相比，平均有一个或多个遗传变异；此外，携带突变基因的后代与携带原有基因型的后代相比，拥有更强的繁殖能力"。用人口统计学的语言表达，即对环境的适应度要通过生存到繁殖年龄的能力和生育能力来体现。因为进化的目标中最重要的，就是要繁衍出更多携带"有益"特征的后代。如果我们想探究生物学中哪些因素使个体能够适应环境（更准确地说，要加上"特定的环境"），我们需要从解剖学、生理学、心理学、社会学和医学各个方面找原因，以解释为什么在特定的环境下，特定的个体能够比其他成员拥有更强的繁殖能力。有时候这些原因很难找到，尤其是即使找到了，可能也是不充分的。

　　前面看到的内容有助于我们了解"适应"的含义，以及如何计算某个特定遗传特征的适应度。这个理论适用于生物进化，但在文化演进领域，有哪些使我们感兴趣的点呢？文化演进与生物进化一样，会受到自然选择的控制。汽车的发展是一种文化现象，死于车祸的人比死于许多遗传疾病的人要多。但自然选择的力量有多大呢？它又将会把我们带向何方？其中多大程度上取决于生物进化，又多大程度上取决于文化演进呢？

　　我们先来回答这个问题：如何评价我们的进化行为？有一个非常简单的方法：一个物种的进化成果可以通过它的"生物总重量"（即该物种所有活的个体的总质量）来衡量。如果这个总量在上升，则一切良好；如果总量在下降，那这个种群则可能处于危险之中。关于物种个体的"总数量"和"总重量"哪一个能够更好地衡量选择性优势这个问题，从来没有被认真地回答过。如果在同一物种的不同种群间进行比较，采用总数量作为衡量标准更有效；而如果在不同物种之间比较，则用总重量更好。约6万年前，全世界的人口数量还只有几千人。人类用了大约5万年的时间，把足迹遍布到了全球各个角落。此时，人口数量约在100万—1500万，平均下来约为600万人口，人口已经增长了1000倍。这是1万年前的人口数量，那时人类还主要以采集食物为生。人口之所以能够继续增长，是因为人类从采集狩猎经济模式发展到了农业畜牧经济模式，从而开始了农牧经济时代。之后的人口增长绝大部分要归功于文化的演进，这一点我们会在后文看到。但也有一些生理上的变化，促使人类采取了某些特定的行为，并通过文化传递下去。这些变化也可能是在人口扩张过程中，不同的环境造成的。最近1万年来，人类过渡到了农牧经济，人口再次增长了1000倍。人类开始驯化许多动物，并种植了不同种类的作物，使这种经济模式在世界各地发展起来。这些进程在自然选择层面给人类带来了不同的结果。当我们研究自然选择时，还对另一个问题感兴趣，即自然选择是如何在一个物种内部，促进不同群体的多样性的。对人类而言，这种多样性既是由于栖息地和生存环境的改变造成的，也是由于人类进入第二阶段后（农牧经济时代）食物结构的变化造成的，即进入农牧经济时代后，不同地区的人类在生产和消费的食物种类上有了很大的不同。

| 第十一章 |
全球遗传多样性

　　进入 21 世纪以来，针对人类个体之间及种群之间遗传多样性的研究取得了巨大进步，在生物进化领域的研究也在不断发展。实现这一突破的主角是新的 DNA 检测研究手段。这些新技术能够很容易地处理海量的数据，甚至检测整个基因组。遗传多样性的研究方法也发挥了重要的作用。科学家利用这些方法，能够分析出是哪些进化要素，在决定遗传多样性上产生了重要影响。

进入这一章后，我们想要提出一些问题：自然选择对于当今的人类到底有多重要？它是我们从五六万年前的一个小小部落，发展成如今 70 亿人口的原因吗？在此过程中，世界各地的人群出现了重大的差异，是自然选择让我们变得如此不同吗？

无论人类获得巨大发展的原因是什么（解剖学或生理学上的），这个答案一定与人口和遗传学相关。很显然，在全球范围内，无论是种群之内还是种群之间个体的差异，都取决于一整套影响着全球适应度的遗传特征。

最好的研究方法是计算出整体遗传变异或遗传多样性，即个体之间 DNA 的全部差异。然后分成两部分，即计算种群之内和种群之间的差异。这些种群很容易通过地理分布确定。在意大利及其他许多国家，可以采用国家政府划分的行政区。比如，意大利的行政区划[1]呈金字塔形：全国分成了 20 个大区，100 多个省和大约 8000 个市镇。具体到意大利而言，出于可操作性考虑，可以选取前两级行政区。因为大区和省是以最重要的城市为中心发展起来的；此外，这些地方之所以能得以发展，通常是因为它们拥有明显的地理、人口、历史和社会经济等方面的优势。

从 20 世纪起，几乎在每个国家都出现了明显的人口内部迁移。因此，为了选取某个地区真正有代表性的样本，则需要排除新近移民的后裔。在不同国家开展研究的过程中，会用到不同的方法，然而没有哪个是完美的。比如，在意大利，为了选出最具

---

[1] 意大利国家行政区划从大到小依次为大区（regione）、省（provincia）、市（città）、市镇（comune）。

代表性的样本，我们以姓氏作为筛选单元，选择了那些至少90%
来自同一省的居民作为样本。其中有40%的姓氏满足了这个筛选
标准。第二步，在可能的情况下，依据主要的进化要素，将满足
标准的姓氏再细分成更小的部分。这种方法对于研究生物进化很
简单，因为它在时间维度上的变化较小；但对于文化多样性而言，
却较为复杂，并且相关的研究很少。

　　首先，需要确定DNA每个位置上不同核苷酸的数量。在此
基础上，再建立起一套评估遗传多样性的方法。第一个目标是确
定组成基因组核苷酸的平均数量，或至少在基因组上选择一个合
理的样本。最容易确定的数量是单个个体内的遗传多样性。事实
上，男性之间的遗传变异与女性之间的十分相似。因为每一代男
性和女性都会有明显的相互影响，性染色体除外。我们上面提到，
全球人口遗传多样性的计算可以分成两个部分，即分别计算种群
之内和种群之间的遗传多样性。每个人都会从父母那里分别接收
一条基因组。因此，能够相对容易地统计出，在组成个体的数十
亿来自父母亲的核苷酸中，有哪些是不同的。对合适数量的样本
进行重复统计后，便能够得到同一种群中，不同个体遗传多样性
的平均估值。在一个人类种群中，平均约有100万个核苷酸位点，
可用于检测遗传多样性。研究建立在可用的位点之上，筛选之后
用来得到世界三个种群之间的平均差异。三个样本分别是一名欧
洲女性、一名非洲女性（尼日利亚人）及一名亚洲女性（从中国
和日本的平均数中获得）。从经济角度来看，这项研究比检测某个
人整个基因组的花费要少得多，且后者只在极少数的个体身上进

行过实验。

实际上，推算不同个体之间遗传多样性的方法十分简单，这里要用到一个遗传学术语——"杂合子"[1]。遗传多样性可通过计算已获得数据的所有核苷酸中，杂合子的平均频率获得。当一个种群的某个核苷酸位点上存在至少两个等位基因时，即两种不同状态，为论述方便，我们将其称为 B/b（当然也可是 A/T，A/C，或 T/C 等），就会有三种可能的组合：BB、Bb 和 bb。中间类型的两个等位基因——Bb 被称为"杂合子"，其他两种类型（BB 和 bb）被称为"纯合子"[2]（"合子"是精子与卵细胞融合形成的细胞）。Bb 型杂合子在所有核苷酸位点上的平均比例，与同一种群内个体间计算出的遗传多样性结果相同。因此，我们可以把该比例称为"杂合子核苷酸位点比例"，或简称为"同一种群的平均杂合度"。[3]

为什么上述情况下只需检测杂合子，而在确定一个种群的组成时，却需要确定全部三种基因型的比例呢？这个问题可以借助确定这三种基因型比例（即纯合子 BB、bb 和杂合子 Bb）的一条定律来解释，即"哈代 - 温伯格定律"（我们在第七章中简单提及过）。这个定律由两位科学家——英国数学家哈代和德国医学家温伯格，约在一个世纪前分别独立发现。定律建立在随机结合假设的基础上。相关的详细数学计算，请参考数量众多的学术

---

[1] 杂合子（意大利语：eterozigote；英语：heterozygote），是指同一位点上的两个等位基因不相同的基因型个体。

[2] 纯合子（意大利语：omozigote；英语：homozygote），是指同一位点上的两个等位基因相同的基因型个体。

[3] 杂合度（意大利语：eterozigosità；英语：heterozygosity），是指由所有标记检测到的两亲本间的差异程度。

论文，这里只需记住，这个规则只适用于个体间随机结合的情况（我们前面也提到过，这个假设似乎令人惊讶，后面我们会做进一步解释）。在此前提下，很容易看出杂合子的比例，是两个等位杂合子结合结果的两倍。即如果等位基因 B 的比例是 p，那么 b 的比例则是 1-p，杂合子 Bb 的比例就是 2p（1-p）。在第七章中，我们把这个比例称为"基因频率"。然而，无论是男性还是女性，不同个体之间都存在很大的差异。"随机结合"这种说法显然会让每个人感到恐惧。而事实上，人们在选择婚姻对象时，只关注了极少数（可能只有几百个）观察得到的遗传特征，这些是我们认为重要的特征。但是相对于人类全部的遗传特征，我们选择伴侣的标准几乎是随机的：因为我们对于绝大部分（高于 99.9%）DNA 所决定的特征并不了解。

如果一个种群在短时间内接受了重要的"外来贡献"，或者通婚夫妻间的同血缘度非常高，在这种情况下"哈代-温伯格定律"就不适用了。因为此时的杂合度会特别低，就需要考虑必要的修正。定律的偏移能指出并测出造成遗传多样性提高的原因。但总体来说，通过计算杂合子的比例，就足以建立一个种群的遗传多样性。但正如我们提到的，对许多基因的平均数的计算必须建立在随机结合的基础上，否则会产生重大的偏移，得出错误的结果。

想要研究不同种群之间的遗传变异，或全世界人群的整体遗传多样性，需要许多种群的数据。2002 年，我们完成了一项于1990 年启动的项目。在包括我在内的许多遗传学家的共同努力下，我们收集了分布在各大洲共计 52 个土著人种群的细胞样本（"土著人"的标准符合人类学家要求）。HGDP[1]（人类基因组多样性研究计划小组）收集的细胞样本为血液细胞，因此能够在实验室里培养，并能够根据需求生产 DNA。超过 100 个实验室使用了提取出的 DNA，用于他们的研究。根据协议，研究的结果已全都详细地发布到了网上。其中商业实验室被排除在外，因为他们一旦为研究结果申请专利，研究成本压力便会剧增，从而阻碍这些数据在科研中的使用。这个计划的研究成果，于 2002 年发表在了《自然》杂志上（Cann et al., 2002）。

针对 HGDP 收集的约 1000 个样本，最重要的两项 DNA 研究任务分两组进行：分别由我和马库斯·费尔德曼领导的两个研究小组进行数据分析。第一组利用了 783 个微卫星 [2]（即简单重复序列）分析了 HGDP 全部的 DNA 样本。微卫星是一种携带大量信息的基因片段，包含大量的等位基因（Ramachandran et al., 2005），相当于约 3000SNP[3]（单核苷酸多态性）。第二组分析更为强大，因为研究人员采用了最新投入使用的分析技术。他们在之前收集到的世界三大种群（欧洲、非洲、亚洲）320 名样本数据的基础上，

---

[1] 人类基因组多样性研究计划小组（The Human Genome Diversity Project, HGDP），是本书作者 Luigi Cavalli-Sforza 在斯坦福大学参与并领导的项目，致力于人类学、种群遗传学、遗传疾病等领域的研究。

[2] 微卫星（microsatellite），以少数几个核苷酸（多数为 2—4 个）为单位多次串连重复的 DNA 序列，也称为简单序列重复（SSR）。

[3] 单核苷酸多态性（Single Nucleotide Polymorphism, SNP），是一类新的 DNA 多态标记，主要是指由基因组序列中单个核苷酸的变异，如单碱基转换、颠换，以及单碱基的插入 / 缺失等引起的 DNA 序列多态性。（英汉生物化学与分子医学词典）

选取使用了约 65 万个 SNP（Li et al., 2008）。目前正在进行的还有另外两组对土著人群 DNA 的收集工作，用于对基因组的研究。其中一组收集了来自世界各地不同种群的样本，用于全面研究他们的基因组。样本数量很大，但并不知道具体有多少。另外一组由"国家地理研究所"发起，他们从 1000 个不同土著族群中各选取了 100 个样本。但选取基因标记数量仍不十分明确，并且研究结果是否公布，以及何时公布，现在仍未知晓。

目前已获得的数据证实了人类进化研究第一阶段的结论。早年科学家还无法直接研究 DNA，因此只能研究蛋白质。但研究 DNA 获得的结果会更为准确，因为人们能够获取基因标记的数量更多。接下来我们把注意力放在新的有趣的结论上：在人类进化的过程中，与自然选择相比，研究极为清楚地表明了遗传漂变的重要性。这个结论对揭露种族主义思想的不合理性至关重要。

对全世界各个种群样本的研究，使我们能够估算全球所有个体间的整体遗传变异，并将它分成两部分。这一点我们已经在这一章提到过。我们前面说到，基于几年前 10—15 个种群的蛋白质样本的研究数据，人们估算出的全球人类的遗传变异在 15% 左右。斯坦福大学与 Mega-Array[1] 合作开展的最新研究，则提供了更为准确的计算结果。在检测了 65 万个不同的核苷酸后，得出了人类 22 条常染色体差异平均数为 11%（介于 10%—12% 之间）。

我们知道人体的第 23 对染色体是性染色体，女性拥有两个 X

---

[1] The Multi-Ethnic Global Array（MEGA），是一个致力于研究全球各种群间遗传多样性的财团（Consortiums）。

染色体，男性则是 XY。Y 染色体比 X 染色体要小很多，而且只带有一小部分与 X 染色体相同的基因。X 染色体在不同种群之间的遗传变异约为 16%，而 Y 染色体则是 39%。这个数据表明，遗传漂变在决定世界不同种群的差异上，无疑发挥着比自然选择更加重要的作用。事实上，遗传漂变增加了种群间的遗传变异，而缩小了种群内部的遗传变异（也就是同属于一个种群个体之间的差异），然而总的差异（种群之间及种群内部的差异之和）数值保持恒定。

由遗传漂变造成的遗传变异取决于种群中控制繁殖元素的数量，或研究的特征数目：这个数值越小，遗传变异就越大。每个家庭中常染色体的控制繁殖元素数量为 4 个，父母各 2 个；X 染色体只有 3 个（2 个来自母亲，1 个来自父亲），Y 染色体只有一个。据此我们推断，X 染色体的遗传变异是其他 22 条常染色体的 4/3 倍；而 15% 恰好是 11% 的 1.37 倍（比只有遗传漂变与基因迁移情况下的理论值 4/3=1.33 要高，但是误差在正常范围内）。Y 染色体在种群间的遗传多样性应当是常染色体的 4 倍，而 39% 与 11% 的商正好接近这个数字，误差也在正常范围内（Chiaroni, Underhille Cavalli Sforza, 2009）。不同染色体之间的整体差异，与只基于遗传漂变计算出来的数据高度一致。这一事实有力地证明，与其他进化因素相比，遗传漂变在决定遗传变异上起到了主要作用。

我个人对这个结果很感兴趣，因为这与我在 20 世纪 50 年代得出的结论一致。我在那项研究中证明了，在帕尔马河谷观察到的遗传变异的数据，与根据遗传漂变计算出的理论数据一致。在研究中，我依照严格的标准，收集了近四个世纪以来当地居民出生、婚礼、死亡等记录的信息。

在分子遗传学研究中，木村资生是第一个基于全球样本统计数据，证明了遗传漂变几乎是造成遗传变异唯一原因的遗传学家。他那篇著名的论文发表在了1968年的《自然》杂志上，在当时引起了强烈的反对。但如今所有事实都证明了他结论的正确性。后面我们会看到一些其他数据，能够证明这一结论。随着越来越多数据的使用，生物学的研究精度达到了一个前所未有的高度。以不同种群间的遗传多样性为例，22条常染体之间的差异在10%—12%。在一些量化理论问题的结论上，我们能够达到化学和物理学习惯于达到的精度。生物学已不再是之前人们习惯认为的那样，是一门仅限于纯描述和纯形态学的学科了。

| 第十二章 |
"走出非洲"的扩张

　　现代人的大规模扩张始于6万年前，这一时期被称为"走出非洲"。随着科学家对人类基因组开展了系统的分析，我们对人类扩张的过程有了更为深入的了解。人类的扩张对于种群间的遗传变异影响很小，因为我们的适应度如今在很大程度上取决于文化演进，而非生物学上的进化。最近1万年来，人类进入了农牧经济的新纪元。生产模式的改变带来了新的优势，但也让人类付出了代价。自然选择进而开始发挥作用，给出了纠正性的解决方案。

HGDP 在对人类 DNA 进行分析的过程中，对有关人类大规模扩张因素的研究投入了格外的精力。这些研究取得的最精致的结论被称为"走出非洲"。在那些研究深入的地区，我们发现考古学、人种志、遗传学各类数据之间，存在着高度的一致性。这些数据相互补充，为我们呈现了人类"生物—文化"进化史上极为有趣的一个阶段。起源于非洲的扩张发生过多次，最久远的一次发生在约 200 万年前。当时的人类已经拥有足够的智力天赋，能够制造出种类广泛的工具。他们的足迹也已经遍布了欧亚大陆。考古发现证明了我们的推测，其中主要是石质器具，它们一直被保留到了今日。那时我们的祖先已经学会了用火，但是语言沟通能力仍然很不完善。针对他们头骨的研究发现，大脑左半区负责语言活动的部分已经得到了一定的发展；而在我们的近亲"猴子"的大脑中，却完全没有出现这样的发展。现代人精妙的语言能力，很有可能在 20 万年—10 万年前之间出现了巨大飞跃。与人类最为接近的，并和我们拥有共同祖先的灵长类动物是黑猩猩，这两个物种约在 600 万年前分离。科学家尝试对我们的"表兄弟们"进行复杂度与人类语言相当的语言教学，但几乎没有取得任何成果。从 200 万年前人类第一次大规模扩张开始，欧亚大陆上就出现了不同种的人类，但所有的都已灭绝。最后一批距离我们时间最近的人类是尼安德特人，他们在很长时间以来被（错误地）认为是现在欧洲人的祖先。尼安德特人约在 3 万年前消失，根据现有的发现推测，他们很有可能没有留下任何后代。

现代人最直系的祖先继续生活在非洲，而他们的远亲可能出现在 15 万—10 万年前的非洲，如今这些远亲的后代已遍布整个地球。目前尚存的、过着采集狩猎生活的人类只有极少数，虽然直到 1 万年前，那还是人类唯一的经济模式——完全依赖有限的天然食物（及用火加工过的食物）。

所有我们同类的生物，都有能力学会任何现存语言，这种能力是不久前生物与文化共同演进的结果。关于这一话题，我有一段独特的经历。我曾在非洲生活过一年半的时间，主要负责研究阿卡人（非洲俾格米人）。他们是现存数目相对较多的采集狩猎种群，约有几万人口（很少接受过现代文化教育）。他们生活在非洲热带雨林地区的两大区域内：一个位于西侧，在喀麦隆南部（刚果布拉扎维，加蓬和中非共和国）；一个位于东侧伊图里省（在刚果金沙萨的东北部）。在非洲，尤其是从事农业生产的人群，对以采集狩猎为生的种群怀有明显的轻视，认为他们是"低贱的"。但需要说明的是，这种鄙视在弗兰西斯·高尔顿那个时代就已经十分普遍了。高尔顿在 19 世纪中叶拜访了这些群族。18 世纪对"高贵的野蛮人"的尊敬已经成了久远的记忆，取而代之的是典型的欧洲北方人的那种傲慢。很有可能，在刚刚开展农业活动时，农民对那些不从事农业活动的群族并没有什么概念；接着他们才开始慢慢地对游牧民族有所了解，意识到后者是农牧经济模式的另一种形态。另外，"高贵"的种族继续发生变化。农民对游牧民族的优越感至今仍然是普遍存在的，比如在芬兰和挪威的北部，那里现在还生活着萨米人[1]（拉普人），他们很有可能就是以狩猎驯鹿为生的牧人的后代，是他们把乳糖耐受的基因传遍了欧洲北部。人类约在5000年前开始使用金属，3500年前开始进入繁荣时期。在那些"高贵"的民族中，开始出现了更好的武器装备。他们使用武器，骑马打仗，征服了辽阔的疆域。几个世纪前，人类进入工业时代，有一种偏见认为"越富裕越有序的国家"就越高贵。但是这种想法正在让位于一种新的偏见，即那些超越国界的社会阶层和代表拥有的财富越多，魅力越大，就越令人尊敬。

在与采集狩猎者接触的过程中，我发现他们与现代社会的接触很少。几乎没有任何族群成员学习读书写字：他们的生活地点在不停地迁移，从而阻碍了孩子们去上学。但这不是智力上的问题，只是没有学习机会而已。在调研过程中，我请了一位年轻的阿卡人作为向导。他6岁时就成了孤儿，被搬到首都郊区的姨妈收养，这个年轻人因此获得了一个十分难得的机会——去一所法语学校上学。在和我一起工作的那段时间，他可能暂停了高中的学业。虽然生活在法国殖民地，但他展现出的智力水平以及沉稳程度，要高于同龄的意大利年轻人。如果与普通的非洲人相比，这位年轻的阿卡人对法语及众多学科的掌握水平达到了令人吃惊的高度；事实上，即使与一般法国人相比，他受的教育水平也低不了多少。至少我在非洲工作的那段时间里，他是我遇到的一个

---

[1] "萨米人"（意大利：saami），也称为"拉普人"（意大利语：lapponi），斯堪的纳维亚半岛和苏联科拉半岛北部的民族。讲三种互不相同的方言，都叫拉普语。属芬兰-乌戈尔语系。山地拉普人过游牧生活。其他拉普人则过着边狩猎边捕鱼的生活。拉普人现已进入专门职业界。（英汉百科知识词典）

特例：俾格米人一般只能上普通的非洲学校。在我接触过的并直接获取信息的几千名俾格米人中，除了他之外唯一一个会读书写字的，是喀麦隆南部一个重要城市市长的秘书，他是一个非常聪明的人。那些教会学校通常设立在没有俾格米人生活的小城，因此他们也就无法上学。但在喀麦隆南部的一个小镇里，我发现了5名俾格米人儿童在当地的教会学校上学。如今情况可能已有所改善。

之所以把所有的非洲俾格米人称作阿卡人，是因为这个名字出现在4000年前的一幅埃及绘画上。画中描绘了一个俾格米人在跳一支当地的舞蹈。但俾格米人并不是非洲唯一数目众多的采集狩猎种群，还有另外两支人数较多的种群，他们是桑人（也称为布须曼人）和科伊科伊人（也称为霍屯督人。采集狩猎种群的名称并非他们自己取的，而是他人取的，且通常带有贬义）。根据DNA及Y染色体的检测结果来看，他们比阿卡人更为古老，目前生活在东非大裂谷的中部或偏南地区。他们的语言并不原始，隶属于科伊桑语系。当然这种语言与世界其他各地现存的语言有很大差异，但绝不是"低级的"语言。此外，科伊桑语的发音比世界其他任何语系的语言都要丰富。他们使用至少5种特殊的"卡嗒音"[1]（click），这是在其他任何语言中都没有的。在西方，人们也用卡嗒音与马进行交流。纳尔逊·曼德拉来自科萨[2]-班图部落，该部落与科伊桑人已经充分融合了。他们的名字"科萨"通常写

---

[1]　口腔发出的短而尖的声音。
[2]　科萨人（!xhosa）是南非民族之一。分布在开普省的特兰士凯，为国内第二大族。属尼格罗人种班图类型。

成"!xhosa"，感叹号代表的就是一个卡嗒音。我的一位南非同事请过一个科萨人保姆，他从她那儿学习了科萨语。但学习这门语言似乎需要从更早的时候开始，最好在没有和世界上其他任何语言接触之前，一般在3—4岁。但不要把这个限制与另外一种不太严重的情况混淆，即对于进入青少年以后才开始学习外语的人来说，绝大多数都无法摆脱自己母语的口音。但有10%—20%的人不受这个限制影响。这可能与某个遗传因素有关，值得我们更多关注。据我观察，生活在非洲东部和西部热带雨林地区的阿卡人和姆巴提人[1]（mbuti），虽然每年会为他们的邻居班图人工作一段时间，但他们并没有吸收班图人的语言。俾格米人自己的语言里除了一些动植物名词外，其余的并没有被保存下来。这些名词并不少于研究热带雨林的西方博物学家们引入的词汇，这也恰恰体现了俾格米人的分析能力。

阿卡人和科伊桑人可能已经在目前生活的土地上居住了很长时间。但在约6万年前非洲的东部，至少生活着一个有着非凡历史的部落——部落的成员就是我们最直系的祖先，也就是我们和科伊桑人及俾格米人共同的祖先。我们不知道这个部落生活的具体区域。通过基因分析得出的人口数据表明，像所有进入农牧经济之前的部落一样，这个部落的人数在1000人左右。针对考古发掘的研究表明，约6万年前或稍晚的时间，这个部落开始了一场系统的大规模扩张。部落所有成员应当都说着同样的语言。可以

---

[1] 姆巴提人分布范围从喀麦隆到赞比亚，主要居住在刚果民主共和国的伊图里森林，以狩猎和采集活动维生，为非洲刚果地区最古老的原住民之一。

确定的是，他们运用语言的能力已经达到了现代人所具备的水平，与同时期其他的采集狩猎部落相同，比如科伊桑人；但两支部落在更早的时间分离了。语言能力的完全发展，要求特殊的生物器官（尤其是神经系统）能够发出并解释不同的声音。语言进化的过程很有可能始于 600 万年前，当人类与我们最接近的灵长类动物——大猩猩分离之后，语言发展又经历了不同的阶段，但对此我们还所知甚少。但是，人类语言能力的生理基础和文化基础发展的最后一个阶段出现在 10 万—20 万年前。在此期间，这个后来占领了整个地球的非洲小部落的所有成员都获得了语言能力。如今这种语言能力为现代人各个种群所拥有，并发展到了同样的水平。科伊桑人所经历的语言学习过程，现代人也同样要经历。这个重要阶段表明，如今所有现存的语言都拥有一个唯一的源头。这一假设已被广泛接受，绝大多数语言学家甚至都不愿讨论。

采集狩猎者的沟通能力可能伴随着基因突变得到了进一步提升，随之进一步提升的很可能还有他们的创造能力。在最近的三四百万年间，人类的祖先已经展现出了他们的创造力。他们开始制造工具，从最初的简单工具，发展到后来更为繁复的工具。语言和创造力的发展带来了沟通水平与社会组织水平的提高，这也许就是那个小部落取得成功的最大秘密。在 6 万—5 万年前，这个小部落从非洲出发，直至遍布整个世界。考古学发现清楚地证明，这一过程只用了不到 5 万年的时间。距今最近的迁移主要出现在太平洋上偏远的小岛上，保守估计约始于 5000 年前。可能是来自中国台湾、菲律宾或马来西亚的居民，在发展出足以实现远洋航行的天文学和造船知识后，开始了这些迁移活动。

人类在1.2万年前到达美洲大陆的最南端。如果从起源地算起（假设为亚的斯亚贝巴[1]），经过亚洲，然后穿过白令海峡到达美洲，最远迁移距离达到了2.5万千米。这意味着，人类扩张的速度约为每年500米。

当时人类的扩张是如何发生的呢？很明显，那时人类仍然过着采集狩猎的生活，就像现在某些少数种群部落那样。现存的采集狩猎者主要生活在环境恶劣、生存条件极差的地区。因为这些地方尚未被那些拥有更高科学技术的种群稳定地占据。除了上文提到的非洲热带雨林地区之外，还有一些采集狩猎者生活在环境类似的东南亚和北极地区（比如因纽特人）。如今，不是所有的因纽特人都以狩猎为生。他们中的许多人在北约十分现代化的反导弹观察所里工作，或者从事雕塑制作、绘画等工作。考虑到直至1960年，因纽特人还在制造圆顶雪屋，他们能够从事目前的职业是极为特殊的情况。这是在加拿大政府及个人的共同努力下才得以实现的。但很难想象这一情形能在非洲热带发生。因为所有的因纽特人几乎都生活在沿海，外人能够更容易地接近他们。

约1万年前，人类已经遍布了整个世界，但仍然以采集狩猎为生。根据考古学、人口统计学和遗传学的研究，采集狩猎者最基本的社会结构是部落。部落内部说着同一种语言，大部分成

---

[1] Addis Abeba，是东部非洲国家埃塞俄比亚的首都和最大城市。

员选择内部通婚。无论是出于婚姻目的，或者是其他目的，他们极少接纳其他部落成员。当时的采集狩猎者部落规模都不大，包括现存的也是如此。人口规模与现代人祖先的部落大小相当，在1000人左右。这一数字是综合考虑了各方面因素后得出的。理查德·李[1]（Richard B. Lee）与欧文·德·沃尔[2]（Irven De Vore）在他们的经典代表作《作为猎手的人类》（*Man the Hunter*）一书中，通过分析遗传学数据，同时主要参考了一个世纪前，即受英国殖民者影响之前，澳大利亚原住民部落的人口规模，推算出采集狩猎部落的规模平均在500人左右。500—1000这个区间乍看上去可能很粗略，但在对数尺度上，500更接近1000而不是100。结合我们之前计算出的基因差异值，这个数据是合理的。

现代人向全世界扩张时，不断繁衍形成新的部落，这看起来是一个很合理的假设。只要母部落结构能够正常运行，后来的部落就会学习这种模式。一个典型的部落规模约1000人，这似乎是为了满足两种相反的需求而形成的，并且这两种需求对于部落成员之间协作都十分重要。第一个需求是良好的语言沟通与社会交流。但随着部落活动范围扩大（从而造成成员之间距离拉大），会增大这种良好沟通丧失的风险。第二个需求是维持与采集狩猎部落所获取的资源相匹配的（低）人口密度。人口增长带来空间上过度扩张，会造成部落成员之间语言单元的破裂，即社会交流的割裂。当然，活动范围取决于人口密度，这在不同的环境中有很

---

[1]　理查德·李（Richard B. Lee），加拿大人类学家。
[2]　欧文·德·沃尔（Irven De Vore），美国人类学家、生物学家。

大的差异。

弄清楚新的外迁部落是如何产生的也很重要。首先，部落需要出现人口的增长；同时，在其占据的土地附近有未开发的且可利用的土地，这样扩张才更容易进行。人口的增长取决于出生率与死亡率之差，只有出生率高于死亡率的情况下，人口才会增长；人口数量增长或减少的速度也取决于两者之差。采集狩猎部落人口的出生率受制于一些习俗，在这里我可以举两个在非洲俾格米人部落里观察到的例子。第一个例子，母亲在自己的女儿生下第一个孩子后就停止生育，并将这视为自己的义务。这可能是为了在必要的时候，能够更好地帮助女儿和孙子。另外一个例子，女性在生下的孩子完全断奶且能够从一个狩猎地点走到其他地点之前，不会再生育其他孩子。这两个习俗都避免了部落人口的过度增长。结果就是，现在非洲俾格米人部落规模不但没有扩大，反而在缩小。因为热带雨林在不断遭到破坏，他们不得不放弃采集狩猎生活，选择其他的生存方式（比如有的人变成了渔民、制陶人或者农民）。

还有没有一些其他因素，会造成出生率的提高或死亡率的下降（从而使一个部落的人数增加，并在人口密度与资源相适应时稳定下来）呢？需要记住的一点是，一个新部落的形成，几乎总是建立在现有部落中一个相对较小的部分之上的。在找到一块新的且可利用的土地之后，部落人数才会增加，之后增速会变慢；随着人口密度与自然资源达到饱和后，增长就会出现停滞。

另一个很有可能提高人口增长速度的重要因素，是新迁入的环境中没有以粪肥为主要营养的植物群，以及垃圾堆积造成的污

染，至少在扩张的初始阶段不存在这样的卫生问题。这种情况常
见于一些非洲村落（尽管人们尝试去清理，但也是徒劳）。因此，
在迁移的初始阶段过后，死亡率便会下降（主要是青少年以前的
儿童的死亡率），同时（高）出生率保持不变，因为受到社会习俗
的影响。因此，向新土地的迁移提高了出生率与死亡率之差。但
这只是暂时的，因为经过几代之后，新环境的污染会迅速持续增
长，从而造成死亡率的升高。这个看似无法避免的过程，会在很
短的几代之间减缓人口的增长速度，直至出生率与死亡率达到平
衡。如果这个假设是正确的，那么出生率与死亡率之间的平衡，
几乎会自动造成人口扩张到未知的土地。新占领的土地上，会不
可避免地出现卫生状况的恶化，这又会形成新的扩张动力。可
供利用的新土地越多，这个动力就越大。

　　此外，还有其他一些因素，会促使一些成员离开原先的部落，
建立起新的领地。通常情况下，新领地与母部落距离不会太远，
以便可以维持与原部落有益的交流（除非成员出走的原因是由于
与原部落发生冲突）。在我们熟悉的采集狩猎部落中，也能发现类
似的现象。上文我们提到了李和德·沃尔，他们在研究中除推算
出了采集狩猎部落的人数之外，还讨论了另外一个数字，这个数
字决定了每个采集狩猎部落的一种社会划分，即"狩猎小组"（ *la
banda di caccia* ），平均人数约为 25 人。这两个数字（部落人数
与狩猎小组人数）被称为"神奇数字"或"神秘数字"，似乎意想
不到地拥有一种几乎普遍的重要性。对于"狩猎小组"人数的估
算没有部落人数的那么精确，因为这个数字会随着时间的变化而

波动，因此更难以计算。根据我对阿卡人部落的观察与统计，上述数字至少要再乘以 2，就像计算部落人数时那样。但这个数字总是视具体情形而变的。"狩猎小组"通常是由核心家庭或核心家庭的一部分组成；可能包括也可能不包括进入青少年以后的子女，或者子女的家庭。此外，这些家庭一起出行，从一个狩猎区域迁到另一个区域。随着时间的变化，小组成员会发生改变，出现分裂或融合。许多迁移活动是由很小的团队完成的，可能是一个家庭，而这种团队总是临时组成的。狩猎小组习惯性的迁移活动，反映出当时的人们认识到，不能耗尽一片土地上所有的动物资源。此外，由于当时人们的私有物品极其匮乏，使得迁移更为容易。他们每次行动只带极少的工具和最少的衣物，而这些在必要的时候都是可以舍弃的。包括那些在三个小时之内，就能用就近的树叶和树枝搭建起的草屋。当然，人们需要遵守领地的所有权，该所有权会依照不同的规则传承下去。可能在狩猎小组和氏族（即由血缘纽带联系在一起组成的集团）之间存在某一重要的相似之处，但并不是绝对的。

在这些细分的部落小组中，会不可避免地出现兴趣不同的群体，他们探索新的、更远的狩猎土地的可能性也会不同。在基因层面很重要的一点是，在狩猎小组与核心家庭中，氏族的存在会倾向于产生紧密的亲缘关系。后面我们会说明，现存的原住民基因数据显示出了特殊的规律性，这种规律性让我们不由得思考上文讨论的因素在指导人类"走出非洲"的扩张过程中起到的重要作用，尤其在决定迁移速度方面。迁移的过程似乎依据恒定的规则，这些规则是由高效的社会习俗带来的，并在代际之间有规律地传承。因此，在古老的经济模式下，部落既能够避免过高的人口密度，也能在不断扩张的过程中保持人口迅速且有规律的增长。

正如目前全世界人口总数比1万年前增长了数千倍，在"走出非洲"的扩张过程中，那个来自东非的小部落人数从最初的1000人变成了最后的100万—1500万人（根据考古学发现推测），部落数量也增加到1000—15000个。而扩张的主要动力是他们具备了像现代人一样的语言能力，再加上创新能力的提高，从而促进人类的"生物—文化演进"实现快速飞跃。随着邻近部族之间出现社会分离，部族之间的语言也开始出现差异。

人们可以根据1万年前"走出非洲"扩张结束时的全球人口总数（100万—1500万），计算出采集狩猎部落的人口密度，这个数值约在每平方千米0.013到0.2人之间。在英国人占领澳大利亚之前，当地原住民的人口密度为0.03人每平方千米，符合上面计算出的区间。

采集狩猎部落的人口密度会随着经度、纬度以及其他因素的改变而出现重大差异。为了更直观地说明采集狩猎部落的地理分布，我们试着将这些数据与意大利的进行对比。扩张结束后，世界人口的最大值与最小值决定了当时人口的平均密度。根据现在意大利的国土面积测算，这片土地上可能会有2—30个采集狩猎部落。假如我们接受这个区间的平均数，一个采集狩猎部落所占据的面积无论如何不可能超过意大利现有的国土面积。意大利现在分成20个大区，与两千年前罗马帝国皇帝奥古斯都在位时期的划分差别并不大。这反映出在最近1000年以及之前数千年内，不同民族居民（比如皮埃蒙特、利古里亚、维内托、托斯卡纳、拉齐奥、坎帕尼亚、普利亚、西西里岛、撒丁岛等）的增长分布状况。各相邻大区省会之间的平均距离约为200千米，最短距离为100千米，最长为350千米。每个大区都有当地的方言，随着距离的增加，方言之间的差异也就越大。但所有的方言都源自2000年前的同一语言——拉丁语。我们之前说过，一个部落就是一个语言单位。采集狩猎部落分布的地区与意大利方言平均分布的地区相吻合，这看起来似乎是一个很有吸引力的假设。虽然目前来看，这种数量上的相似度还是很粗略的。但需要立即说明很重要的一点是，语言的变化速度是惊人的。想象一下，我们如今所说的方言，竟然是从同一个采集狩猎部落的语言直接演化而来，就不难体会到这一点了。意大利的方言可以确定是从拉丁语演变而来的，但不时有语言学家发现更为古老的语言的踪迹。有一些语言，比如巴斯克语（或至少它的一部分）甚至可能有1万—3万年的历史。然而，很有可能采集狩猎部落在进入农牧经济时代之前，他们占据的地区，与现在某一个说着特定方言的地区，不可避免地具有相似之处。因为两种情况下，同样的地理界限（如山脉、河流、大海）仍在影响着社会交流。直至19世纪，虽然当时的意大利方言已经确立起来，但不同地区之间的交流方式还是跟许多年前一模一样。随着现代化通信技术的发展，地理上的限制已被打破。但直到不久前，地球上大部分非城镇人口之间的交流，还是通过双脚，或最多借助驴车或牛车来实现。驴子和牛能够帮助农民运输大量的货物，这是采集狩猎者所不具有的。更快捷的运输方式——马车，只服务于少部分人群的出行，在方言发展的过程中贡献不大。

6万—1万年前，采集狩猎部落通过不断开辟新领地的方式，把生存范围扩展到了整个地球。根据这些数据，可以对扩张过程中所开辟的"殖民地"数量进行估算。扩张过程中的每一个阶段，都存在一个更加具有开创精神的部落分支，为了消除本地人口与资源的不平衡，去开辟新的领地。新的领地很可能距离原部落很近，但到底有多近？虽然方言的分布与古代狩猎领地分布的对应是表面性的，并且会受到地区边界的限制，但如果一个部落的成员认为有必要和另外一个部落进行社会交流，他们就会突破这些限制。通过上面意大利的例子，我们看到，意大利两个大区之间的平均距离约为200千米，对于采集狩猎者来说，如果日夜兼程，步行大约需要8天时间。这是一个狩猎小组从一个狩猎领地迁移到另一地时可能覆盖的距离。这个距离能够保证两个邻近部落之间的社会独立性。尤其在自然界限的帮助下，邻近的部落在随后的时间里会形成相对独立的文化，这足以发展出不同的方言，并保持其差异性。因此，采集狩猎者向全球的扩张就是依据高效的社会习俗，不断开拓一个又一个殖民地的过程。根据采集狩猎者在扩张结束时的人数估计，殖民地的最终数量在1000—15000个。现存的语言数量（6000种）也能够证明这一点。但是这个数目很粗略，因为许多语言已经消失了。目前使用人口最多的语言，如英语、汉语、阿拉伯语，它们取代了至少世界上一半的语言。假设在农业与畜牧业开始改变世界之时，语言的总数是10000，那么这个数目就与估算的采集狩猎者殖民地的数量范围相吻合。实际上，假如第一个非洲殖民地的人口规模为1000人，我们假设在整个扩张过程中，每个殖民地的平均人口数量保持不变。用进入农牧经济时代之初的全球人口数量（100万—1500万），除去每一个部落的平均人口（1000人），在扩张结束时，采集狩猎部落的数量应当为1000—15000个单元，更确切地说是5000—10000个单元。因此，我们上面对语言数量的推算是合理的。

上面的计算促使我们进一步解释采集狩猎部落的扩张模式。扩张向世界的两个方向进行。许多分支得以覆盖整个陆地，并产生了几千种现代语言以及采集狩猎部落。现在我们想预测人类扩张到最远地区的速度，即在5万年的时间，从东非到达智利，约2.5万千米的距离。母部落与子部落之间的平均距离为200千米，与意大利两个大区首府之间的距离相当。采集狩猎部落从一个地点扩张到另一地的时间为250年，大约是8代，每代30年。

但还存在两个重要的不确定性因素。第一，到达每一个新开辟的殖民地的平均人数——这是在遗传学层面最重要的数据，有许多模型尝试模拟出这个数据。除了殖民者数量之外，可能更重要的一点是，从遗传学角度分析殖民者之间的亲缘关系，这一点会对预测结果产生重大影响。有能力、有热情的人类学家可能还会研究狩猎小组的构成，只要还存在没有接触过多现代文化的采集狩猎部落能够作为研究对象。这一问题还没有被研究透彻：如果能够进一步对狩猎小组成员的基因组进行研究，进而分析他们的亲缘结构以及生存现状，可能有助于确定殖民者的平均数量。

第二个问题则更加重要，即获得一个处在人口增长阶段的殖民地的人口历史。我们拥有许多针对现存采集狩猎部落的人口统计，但这些部落的人数目前已不再增长，出生率趋于接近死亡率。但在一个处在人口增长阶段的殖民地中，出生人口要明显多于死亡人口，直到殖民地不再扩张时，两者之间的差距才会慢慢消失。而恰恰是在这个时候，可能是一帮人或一个家族，抑或是这两类混合组成的一群人，决定放弃现有的土地，去寻找新的土地。新的殖民地很有可能是由一群居住在部落边缘的成员，或者至少是居住在人口密度较低地区的人开辟的，只有这样才更有可能在一个令人满意的地方建立起殖民地。需要记住的一点是，在从东非到达美洲南部这个最远距离之间，我们所预估的 200 个殖民地里，忽略了 5000—10000 个建立在第一、第二、第三等分支之上的部落。所有这些部落都经历了最初的增长阶段及之后的停滞阶段（出生率和死亡率之间的差距变为零）。

剩下的就要看，从一个殖民地开始形成，到一个新的核心殖民者小组脱离，这段时间内重建的新殖民地人口扩张每个单元的人口模型是否合理。单个的情况差异很大，但是我们可以考虑一种平均情况。非洲俾格米人的数量目前已不再增长了，因此不能提供直接的帮助，但是他们人口变化的历史部分是已知的。

帕维亚种群遗传学 CNR 协会现有的数据（由我本人收集）仍有进一步利用的余地，关于这一方面的分析能够帮助我们进一步弄清这些问题。西尔维奥·潘皮廖内（Silvio Pampiglione）是一位流行病学家，他和我一起开展了对非洲俾格米人的研究。他观察到，非洲村落正常的居住生活环境和卫生状况十分恶劣，作为饮用水来源的河流受到了细菌的污染，寄生虫含量非常高。潘皮廖内的观察虽然针对的是非洲农民生活的村落，但没有理由相信俾格米人生活的卫生环境会比一般的农民好。在完全缺乏卫生救助的情况下，寄生虫的含量会维持在很高的水平，从而导致平均死亡率的提高。在这种情况下，虽然出生率可能继续维持在一个较高水平，但是人口密度会达到一个恒定水平，并且低于在卫生条件更好的情况下所能达到的水平。同时，人口密度还无法避免地受到可支配资源的限制。当一部分人口迁移到卫生条件更好的环境中时，出生率会维持在恒定水平，但是死亡率会下降，从而带来人口的增长。如果新环境经过几代后受到污染，而出生率由于受到习俗的限制几乎还是维持在同一水平，人口密度就会朝着与可支配资源相匹配的方向发展。

如果这一切都正确的话，每一次环境卫生的改善，或是其他促进人口增长的文化因素出现时，便会促使人类以相对恒定的速度向新的土地（或是已知的土地，但它的自然资源没有被当地的部落以同样的效率利用）进行地理扩张。但是扩张的速度不一定在时间、空间中保持恒定，考古学的数据通常不足以回答这个问题。但是扩张速度很有可能在美洲，尤其在南美洲是非常快的：因为南美洲安第斯山脉靠近大海，会十分显著地提高扩张速度。此外，进入农牧文明后的迁移有着丰富的考古发现和记录，我们会在后文中看到。这个简单的假设可以解释一个小部落，以同一种方式繁衍5万年的成就：在这段时间里，他们征服了整个世界。现在我们来看一些证据，能够让我们相信这个理论模型的可靠性。

| 第十三章 |
系列奠基者效应

　　奠基者效应是指一个种群内遗传多样性消失的现象。种群奠基者的数量越少，效应就越显著。这是一种典型的遗传漂变现象，在开辟新土地的阶段尤为明显。在"走出非洲"的过程中，出现了一系列的新殖民地，从而引发了一系列的奠基者效应。该效应完美地解释了当一个原住民种群距离非洲起源地越远时，该种群的遗传多样性就不断下降的现象。

采集狩猎者在 6 万—1 万年前向整个地球的扩张，在遗传层面带来了重大的影响。遗传学研究证实了他们不断开辟新土地，建立殖民地，直到征服整个地球的扩张模型。如果把现在位于某一特定区域的种群遗传多样性数据与其位置和非洲起源地的距离进行对比，就会发现遗传多样性的缺失（实际上是平均杂合性的缺失[1]）与采集狩猎者的扩张历史完美吻合。

人们并不知道率先开始扩张的部落目前所处的位置。人们可以计算出某个种群目前所处位置与出发地的距离，假设我们把出发位置设为亚的斯亚贝巴（Addis Abeba），采用"航线"距离，并让这个线路覆盖所有已知的重要考古遗址，最重要的发现无疑是白令海峡。每个部落开始扩张时，肯定会在不同的时间、沿着不同的方向建立殖民地，根据不同的迁移线路，形成不同的分支。如果我们知道所有分支的中点，便能从这个分支中找到从出发点到世界任意一点的最短线路。因此，用最短的航线距离，来计算从起源地到最远地之间的殖民地数量是合理的。虽然可能比实际距离要短，因为真实的道路总是弯曲的。从亚的斯亚贝巴出发，穿过白令海峡，到达智利南部，这是人类扩张的最长线路，约为2.5 万千米。人类在 5 万年的时间内走完，平均每年的扩张速度是500 米。这个数字为分析之后的扩张提供了一个极好的参照，我们会看到之后的扩张速度都更加迅速。

在由一小批奠基者建立起的新殖民地上势必会出现遗传漂变，

---

[1] "杂合性缺失"指位于一对同源染色体上的相同基因座位的两个等位基因中的一个（或其中部分核苷酸片段）发生缺失，与之配对的染色体上仍然存在。

即每一次扩张到一片新土地时，该种群都会出现遗传多样性下降的现象，这就是所谓的"奠基者效应"。[1] 在这里我们用"系列奠基者效应"来描述人类有规律地不断扩张、建立新殖民地直至征服整个地球的过程。奠基者效应会造成每一代殖民过程中遗传变异的缺失，但这一过程无法通过新的突变来重建（因为突变十分罕见）。人类征服整个地球的时间相对较短，突变无法有效地产生影响。奠基者效应随着奠基者数量的减少而表现得越发明显。但有另外一个进化因素，能够破坏系列奠基者效应，即邻近殖民地之间的人口迁移。很明显，现代人从非洲穿过白令海峡，一路沿着太平洋南下的过程中，单有人口迁移这个因素，并不足以阻止遗传多样性缓慢却极有规律地丢失。通过检测平均杂合性，可以计算出遗传多样性的缺失程度。人类基因组多样性小组通过对52 个原住民种群的检测，计算出了平均杂合性的值（Cann et al.，2002）。可以预见，一个种群遗传多样性降低的程度，与该种群到达现在位置所建立的必要的殖民地数目是成比例的（假设在此期间现在位置没有改变），即如果殖民过程像看起来的那样有规律，那么遗传多样性的下降与距非洲起源地的地理距离应当是成比例的。事实也正是如此。在更晚的时候，即采集狩猎部落进入农牧经济时代后，由于有了更多的食物，人口规模得以不断扩大，这使种群中个体间的遗传多样性被部分冻结了。因为当一个种群人

---

[1] "奠基者效应"（意大利语：effettofondatore），指由一个或有限数目迁移者形成而来的新种群，由于最初的建立者只代表了其原来所处基因库的很小的样本，遗传漂变、近交等作用于这些有限的遗传变异而产生了与原有祖先不同的遗传结构。（环境学词典）

口增加时，遗传漂变效应会被削弱。因此，当人口开始增长时，遗传多样性能够得以维持。

关于原住民种群的遗传多样性与该种群所在地距现代人非洲起源地（亚的斯亚贝巴）距离之间的关系，我们进行了详尽的研究，目的是计算系列奠基者效应带来的结果。想要精确计算出这两个数据之间的关系，需要求助于统计学，即计算出两者的"相关度"（*coefficiente di correlazione*，用"r"表示），r 的值在 –1 到 +1 之间。如果一个变量，比如遗传多样性增加，另一个变量，即地理距离也随之增加，那这个值就是正的。而我们的情形恰好相反，即当距离增加时，遗传多样性降低，因此 r 的值是负的。当两个变量的关系呈现为上升直线时，r=1；当呈现为下降直线时，r=–1。如果观察到的值是一条水平的直线，即 r=0，表明这两个变量之间不存在对应关系。当 r 的值越接近 1 或 –1 时，两个变量间存在的线性相关就越明显。无论是我们在第十一章中提到的，利用 783 个微卫星统计出的数据（Ramachandran et al.，2005），还是基因组的数据（65 万个碱基，Li et al.，2008），都表明了距离与遗传多样性呈现出极为明显的负相关，几乎是一条倾斜向下的直线，r 值接近 –0.9。这一结果是在生物学中观测到的相关度中最高的一对变量。

值得注意的是，自然选择走向了一个特别的方向。因为如今我们的适应度大部分由文化演进决定，而非生物进化。这一点我们会在另一种计算各种群之间遗传变异的方法中看到。这种方法能够估算出一个最大值，反映出遗传漂变强度在决定两个种群遗传多样性中的作用：通过比较两个种群之间地理距离和遗传性差异获得数据（依据他们的 DNA 差异进行计算）。拉马钱德兰（Ramachandran）曾在文章中提到过这一分析手段，后来上文提到的李（Li）分析了更多的基因，他的检测结果证实了这个方法的有效性。观察发现，在每一组进行对比的种群之间，遗传性差异与地理距离呈现高度的正相关。无数的模拟证实了一个简单的假设，即遗传漂变和邻近部落之间的迁移共同作用，并造成了上述的相关性。如果自然选择在不同种群之间的遗传差异性上产生了巨大影响，那么相关度就不可能这么高。因此，平均而言，不同种群之间由自然选择造成的差异是十分有限的。统计学理论表明，线性相关没能解释的数值，等于 r 的简单函数，在这种情况下，它的值为 20%。自然选择在人类身上产生的影响主要出现在第二次大扩张时期，即人类进入农牧经济后，那时开始形成的地方现象降低了这一相关度。因此，与系列奠基者效应相比，自然选择造成的影响十分有限（最多 20%，但根据已观察到的整体遗传变异的数据来看，这个值可能在 5%—10%。因为一部分观察到的 r 值与 1 之间的差异，是由于计算两个变量时的误差造成的）。

自然选择在人类进化的最后阶段产生的影响难道真的如此之小吗？那原因是什么呢？如果从数量上来看，人类整个物种取得了巨大成功。这是在各种群之间没有产生遗传多样性的前提下取得的，即使在某些地方出现了遗传变异，差异也是很小的。相比较而言，更早之前的扩张，即智人（Homo habilis）迁移到欧亚大陆的扩张，不同种群间进化出的差异则更加深刻：在此期间，形成了与我们十分不同的人类（最后一类是尼安德特人），如今已全部灭绝了。但整个过程是在数百万年间发生的，如此长的时间足以使孤立的种群演变成不同的物种，产生生殖隔离（这些物种之间交配产生的后代，不再具有生育能力）。

事实上，一个物种是否成功不取决于数量的多少，而是由生物总重量（构成这一物种所有个体的重量）决定的。假如物种个体的平均重量随时间变化不大，那么物种的数量就是一个有效的衡量手段。6万年前，现代人的祖先约有1000人；截止到现代人占领整个地球时，人数可能增加了1万倍；而最近1万年，人口增长的速度更加迅猛，时至今日已经达到了近70亿。

在较短的时间内（2000代左右），人类的生物总重量提升了数千万倍，这是自然选择的伟大成就。但这是由什么原因造成的呢？答案不确定。如果不是由于人类在扩张过程中极小部分基因突变造成的，那就是在扩张之前和扩张过程中文化演进带来的结果。6万年前，扩张最主要的动因是语言。语言能力应该是在漫长的时间里缓慢发展起来的。可能在10万—20万年前，当时的语言就已经达到和现在相当的复杂程度，从而带来了文化的高速发展。同时，人类的创造能力也在提升，有许多文化成就能够证实这一点，比如工具的发明与改进。6万年前，现代人开始了"走出非洲"的伟大扩张，地理扩张带来了人口增长。1万年前，人类开始进入农牧经济时代。最早人类部落团体中形成的简单社会结构不断传承发展，形成了目前采集狩猎部落复杂的社会结构。社会结构的改变可能最先出现在小的社会团体中。这一过程对现代人的演化可能也起到了巨大作用。随着语言的不断完善，交流水平随之提高，更高的社会稳定性也加强了个体之间的协作能力。现存的采集狩猎部落正面临着消失的危险。为了避免这种情况发生，他们必须通过"卡夫丁轭形门"[1]——改变现有的饮食方式，并适应与他们传统习俗不同的生活方式。俾格米人拥有一种我们称为"利他主义"的生活方式，他们尤其小心避免社会等级的出现。他们认为，所有人都是平等的，并且不认可首领的身份。如今的"首领"是欧洲政府任命的，为的是方便与这些少数民族交流，但是部落并不认可他们拥有任何特权。唯一被认可的特权属于"大狩猎者"（阿卡人称为"ntuma"），即杀死动物的人，他能够获取最好的肉。然而，猎物的分配有着明确的优先顺序，划分时会尽量考虑整个种群的利益。因此，"大狩猎者"能够获得的唯一好处，就是尽量狩猎更多的动物，吃到最好的肉，但他并不能因此获得数量更多的肉。

现代人的适应度实际上主要是通过文化实现的。无数的迹象让我们思考，最近 6 万年来，人类生理上的进化是微小的。其中的原因简单而充分：生理上的进化被文化上的进化所替代，且后者要迅速得多。这里举一个简单的例子，3 万年前，当采集狩猎者到达蒙古和西伯利亚时，他们赶上了极端寒冷的气候。为了适应环境，那里的人们出现了生理上的变化。但与人的体型和质量（重量）相比，这些变化是很细微的。其中，最显著的变化是眼

---

[1] 意大利语"Passarele force caudine"，指"遭到莫大的侮辱"。

睛变小（与典型的亚洲人体貌特征类似）。这是为了保护眼睛免受寒风的伤害，同时为了能够在太阳很低的时候，便于观察遥远的物体。这种变化对于因纽特人来说甚至还不够，他们使用木质的眼镜，进一步缩小眼睛的开度，只允许非常狭窄的横向阳光透过。这个在征服西伯利亚过程中最重要的适应度变化，实际上也并没有要求巨大的生理上的改变：当时人类应对寒冷的方式，是通过针和线缝制兽皮衣物。最早来到西伯利亚的居民就已经具备了这种能力。此外，他们为房屋建起厚厚的墙，用来抵御寒冷。很明显，这是一种文化适应方式，而非生理适应机制。因为这一变化并不需要基因层面的改变。但是纬度，也就是温度，带来了"人体测量学"上的变化。寒冷会改变体重与体型的关系：在低温下，体重的增加能够提供更多的保护（这一点在动物中也是如此），这是自然选择带来的影响。最早的一项关于进化树的研究，是由我和约翰·爱德华兹（John Edwards）合作开展的。我们比较了两种进化树，一个依据遗传性状数据绘制，另一个依据人体测量学数据绘制。我们发现，依照遗传学数据绘制的进化树，差异最大的是非洲人和澳大利亚人以及美洲印第安人，这与我们现在已知的现代人祖先的扩张路径相符；而依据人体测量学数据绘制的进化树，非洲人和澳大利亚人却最为相似，因为两者都生活在热带。决定身高和体型的基因很少，并且大部分都是中性的。因此，这些基因也是展现遗传进化最好的指标。在这种情况下，正如前面所看到的，两个种群之间的遗传学差异，实际上取决于这两个种群分离的时间，而不是两者的地理距离。

　　在农业和畜牧业出现之前，我们都曾是采集狩猎者。而最近1万年，人类向农牧经济过渡，则是世界各地不同文化演进的结果。与第一个增长阶段相比，这一次自然选择做出了不一样，但却更为重要的贡献。实际上，文化演进带来的生理上的问题，在当时的技术条件下很难解决，而自然选择此时发挥了作用。我们后面会看到，进入农牧经济时代后，自然选择解决了很多由于文化创新带来的问题。而种族主义的癔症最关注的遗传学差异——（白）肤色，其实是为了纠正农业发展带来的问题。我们在谈论人类进化的第二个阶段——农牧经济时代时，会分析这一问题。

| 第十四章 |
农牧经济时代：人口新的飞跃

　　约 1 万年前，全世界的人口密度达到了采集狩猎经济模式下所能容纳的最高水平。在全世界的不同地区，人们开始种植粮食并驯养当地牲畜，从而带来了人口进一步的巨大增长，使全世界的人口饱和度达到了一个新的水平。

"**走**出非洲"的扩张是不断开辟新土地的过程，其最重要的原动力是语言能力的发展，以及随之带来的社会协作水平的提高。现代人祖先的扩张结束之后，由文化的演进决定了之后出现的扩张。人们在农牧经济模式下进行创新，获取食物的能力得到了极大的提升。当现代人的祖先在世界范围内达到人口饱和的时候，人口本应停止增长。而事实上，高人口密度却促进了人类巨大的文化创新，尤其在一些人口密度达到峰值，且文化情况不稳定，但又能够找到新解决方案的地方。实际上，约1万年前，现代人开始了一场新的文化飞跃，这使全世界的人口增长了1000倍甚至更多。这场飞跃始于世界三个不同的地区，分别是1.2万—1.1万年前的中东以及2000年或3000年之后的东南亚与墨西哥。这些地方出现了新的人口和地理扩张，并且有一个共同点：三个地区都开始了粮食生产，即种植当地作物以及驯养当地牲畜。我们把这种经济模式称为"农牧经济"。当然，每个地方的发展模式是不同的，因为各地驯养的牲畜和种植的粮食均不同。

农牧经济时代的扩张也始于相对有限的区域。从这些地方出发，农民和牧民通过"人口扩张"（在这一过程中，除了纯粹的人口增长之外，还伴随着与采集狩猎种群的融合，以及采集狩猎者的涵化[1]），把最新的知识带向新的土地。现代人祖先"走出非洲"的扩张是纯粹人口的扩张，没有出现与已存在的少数种群的融合，或是对少数民族重要的教化。因为当时的少数种群，实际上已经

---

[1] 涵化（acculturation），指两种或两种以上的文化相互接触、影响、发生变迁的过程。它是一种横向的文化变迁过程。（简明文化人类学词典）

是不同的物种，这两件事也不可能发生。但是农民的扩张深刻地改变了环境，以至于在不同地区需要遗传学上的变化来弥补。因此，我们可以说，"农牧经济带来了人口的增长与扩张，久而久之，自然选择在不同地点、不同环境下带来了巨大的遗传学差异"。这些扩张过程并非发生在全新的土地上，而是已经有人居住的地方。但是，他们所能获取的资源，绝大部分来自自然环境。拥有农牧技术的现代人，开始进一步利用这些具有潜力的自然环境。此外，在扩张的过程中，农牧人口与采集狩猎者发生了融合。经常发生的情况是，农民需要更多的人口来种植粮食，因此需要娶更多的妻子。而这些女性中很有可能就有一些来自当地的采集狩猎者。事实上，欧洲人线粒体 DNA 和 Y 染色体的基因频率就有显著的差异：目前欧洲各民族中，拥有农民基因组的人群比例，男性为50%—60%，女性只有20%。在"斑纹陶器"[1] 文明从巴尔干人传到欧洲中部的过程中，留下了一些踪迹：考古发现，一些房屋里有两到三个炉灶，而这很有可能是同一个农民给不同的妻子准备的。这是一个十分有趣的现象，对于 DNA 的研究，或许有助于我们找到问题的答案。很有可能发生的是，先前存在的采集狩猎者，在被迫或被帮助的情况下，参与了本地生产方式的转变。他们开始学习新技术，从而带来了真正的农牧文化的普及。但也有些采集狩猎者抗拒这种变化，在那些狩猎土地尚未被破坏的地方，一部分采集狩猎者一直生存至今。

---

[1]　指欧洲新石器时代的斑纹陶器（德语：Bandkeramik；英语：linear potter）。

　　在欧洲，靠近河流的地区农业发展的速度更快（这是所有最近人类扩张的普遍规律。欧洲地中海沿岸的发展比平原上快；在欧洲中部，靠近河流的地区发展得相当快，但在西欧发展得相对较慢），农业从地中海的核心区域，朝着印度向东扩展。而印欧中间的区域，则朝着东南方向扩展，很有可能是从高加索以北的地区朝阿富汗方向扩展。还是在中东地区，农业开始向撒哈拉地区扩张。但该区域的干旱程度在4000—5000年前进一步加剧，迫使撒哈拉以西的农民不得不放弃这块土地，而向南往森林方向迁移，从而开启了非洲西南部的农业活动。但非洲撒哈拉以南地区的土壤十分贫瘠，来自中东的作物在这些地方长得并不好。像牛这样的牲畜，也因昏睡病[1]而大批死亡。因此，人们开始种植当地的粮食，有一种高粱和非洲大米的种植取得了成功。在更晚些的时候，约250年前，很有可能是一位不知名的传教士，把一种原产于智利的作物——木薯，带到了非洲西部。木薯在巴西生长得很好，在撒哈拉以南的非洲也生长得极为迅速。这种情况并不令人惊讶，因为南美洲的土壤与非洲的类似（之前两大洲是相连的，随后由于板块漂移而分离）：土层较浅，不适宜农业耕作，但适合热带雨林的生长。

　　撒哈拉以西的居民放弃了变成沙漠的土地，他们往非洲西部迁移，促进了当地农业的发展，并在此基础之上创造了有趣的文

---

[1] 昏睡病（意大利语：malatia del sonno；英语：sleeping sickness），又名"非洲锥虫病"。由非洲锥虫引起并由舌蝇叮咬传播的一种传染病。症状为发热，淋巴结炎等。常累及脑和脊髓引起昏睡，导致死亡。

明。约 3000 年前，当农牧经济到达尼日利亚与喀麦隆的边境时，一次全新的、迅速的扩张大潮开始了。有一个说着班图语的种群，入侵了非洲的中部和南部。这次扩张的区域覆盖了整个非洲中部，并一直向东延伸至印度洋；向南穿过西海岸和加丹加，[1] 一直到达好望角的最南端。1650 年前后，荷兰船只到达好望角，并在这里建立了开普敦港，专门为来往于欧洲和印度的商船提供食物和水。荷兰农民（布尔人）取得了巨大成功，他们控制的区域向北迅速扩张，直到建立了后来的南非共和国。但是，班图文明已经将他们的农业技术，传播到了整个非洲中部及南部的部分地区。扩散速度约为每年两千米。从 2500 年前起，随着铁器的使用与发展，班图人在埃及上游的麦罗维（Merowe）扎根，并将活动区域扩展到了非洲中部。铁斧（除了火之外）是一个非常有用的工具，可以砍倒热带雨林中的参天大树，从而开辟新的农田。

非洲东北部在地理上靠近中东，且拥有巨大的水上高速公路——尼罗河，农业得到了快速发展，但两个大沙漠限制了农牧经济向尼罗河两侧的扩张。

在亚洲东部和南部，中国北方的小米及东南亚的大米得到广泛种植并获得了巨大的成功。那时台湾与大陆还是相连的。（约 1 万年前）新几内亚出现了早熟的农业，人们开始种植当地的粮食。但是农业并没有传到澳大利亚：直到英国人到达之前，那里的人们仍然过着采集狩猎的生活。在印度也出现了同样早熟的农业。

---

[1]　是位于刚果民主共和国南部的一个省。

中东的农业很快在阿富汗、伊朗、巴基斯坦和印度南部发展起来，农业技术随着说印欧语的种群（也称为"雅利安人"，希特勒很喜欢的一个名字）传播开来。但是，这些语言并未在印度南部的大部分地区扎根，因为在他们之前，这里被另外一个（可能源自非洲）从埃兰[1]（伊朗南部）地区迁来的居民和他们的文化占据着。人们在一些用楔形文字记录的文件中，找到了一些古老的踪迹。这个种群生活在伊朗与巴基斯坦之间的印度河河谷中。他们最终到达印度，孕育出了一个重要的文明。约 3500 年前，在巴基斯坦印度河附近，说着达罗毗荼语[2]的部族建立起了非常活跃的农业文明。但两个事件造成了这个文明的完全毁灭：第一，约公元前 1500 年，印度河河床发生了变化；第二，来自西北的雅利安人入侵并征服了印度。但是，他们没能到达印度的南部，所以那里的人们仍说达罗毗荼语（其中的一门语言，被称为"布拉灰语"，[3]目前仍然在巴基斯坦西部使用）。

美洲最早的农业经济活动出现在墨西哥。那里种植了许多重要的作物，其中就有玉米，它和麦子、大米并称为世界上最重要的三种粮食作物。当然，玉米的广泛传播也要归功于哥伦布，这个旧世界的入侵者。由于安第斯山脉的存在，农业在美洲中部和南

---

[1] 埃兰（Elam），是亚洲西南部的古老君主制城邦国家，在今天伊朗的西南部、波斯湾北部，底格里斯河东部，现为伊朗的胡齐斯坦与伊拉姆省。
[2] 达罗毗荼语系（dravida），印度境内除印欧语系以外另一语系的总称。主要包括泰米尔语（东印度东南部、锡兰北部）、泰卢固语（印度东南部）、马拉雅拉语（印度西南部）、卡那拉语（印度西部）和布拉灰语等。（中外文化知识词典）
[3] "布拉灰语"（brahui），是分布在巴基斯坦俾路支省和信德省的布拉灰人使用的语言。属达罗毗荼语系，但是含有大量俾路支语、信德语和波斯语词汇，没有文字。（东方文化词典）

部发展起来，并形成一种混合文化。这里山地和海岸交替，形成了不同的农业类型。由于部落之间距离很近，彼此能够进行有益的交流与融合。因此，在哥伦布到达之前，美洲中部及西南部出现了无数人口众多的帝国，类似于在墨西哥出现的情况。但在广大的东部平原，无论是在北美还是南美，农业的传播速度都相当慢。在白人殖民者到达之前，这些地方的人口密度都维持在较低水平。

人类向农牧经济的过渡，很可能增加了不同"种族"之间由于自然选择造成的差异，但这并没有形成足以进行合理分类的遗传变异。在哥伦布发现新大陆之前的农牧经济时代，区分主要种群最好的依据是文化，即看当地种植的最重要的粮食（欧洲和西亚的麦子，东南亚的大米，美洲的玉米等）。对单一食物的依赖，带来了巨大的问题。由于食物的多样性降低，会造成维生素的缺乏，有时甚至会导致严重的后果。以意大利为例，玉米随着哥伦布到达欧洲。但这个全世界消耗排名第三的粮食，缺乏一种 B 族维生素——维生素 PP。[1] 最早种植玉米的美洲印第安人，会把玉米和其他富含 PP 维生素的蔬菜混在一起食用，从而预防糙皮病。[2]在 18—19 世纪，尤其在维内托大区和小部分伦巴第大区，玉米粥 [3] 十分流行，从而导致了一场糙皮病疫情。糙皮病是一种皮肤病，会造成精神疾病和肠胃疾病等并发症。那个时候，人们常常错以为，这种疾病是由于食用真菌感染的玉米中毒引起的。

---

[1] 维生素 PP（意大利语：pellagra preventing, onicotinamide），烟酸和烟酰胺的总称。
[2] 缺乏维生素 PP 引起的疾症。在以玉米为主食的贫穷国家中发病率较高。引起皮炎、腹泻和神志失常、精神抑郁等。
[3] 玉米粥（意大利语：polenta），意大利北方以玉米为主要原料做成的粥状食物。

　　文化演进带来的其他严重后果与自然环境被破坏有关。比如人类为了发展农业导致森林锐减，从而极大地加重了沼泽地区疟疾的危害。环境恶化也带来了人类许多遗传学上的反应，这些反应通常是有益的，但有时也会带来新的疾病。对于进化而言，遗传屏障是可怕的：人类对某个危险环境因素的抵抗力来自杂合子，而由于环境恶化出现的新等位基因的纯合子，比正常的纯合子有更大的生存和生育困难。这是一个典型的杂种优势的例子，在自然选择下，杂种基因型会比纯种基因型，即纯合子更有优势。在之前的章节中我们看到，科学家通过电泳实验，发现了镰刀型红血球，从而开启了分子生物学时代。生产正常红血球和镰刀型红血球的杂合子对疟疾有抵抗力；但只生产镰刀型红血球的变异纯合子，则会造成严重的贫血症，并会极大地缩短患者的寿命。在意大利的两个地区——撒丁岛和费拉拉省，另外一种贫血症十分流行，即"地中海贫血症"。[1] 这种贫血症表现出了相同的遗传学特点，即杂合子比拥有正常等位基因的纯合子更能抵御疾病；纯合子则表现为严重的贫血症。以前治疗这种疾病需要持续输血，但患者的寿命并不会延长很多。近年来，人们通过给病人移植健康的骨髓，获得了很好的治疗效果，虽然骨髓很难获得。拥有杂合子基因的两个人结合，其后代会有 1/4 的可能性获得带有缺陷的纯合子基因。现在可以通过诊断，在怀孕第三个月，就能确定

---

[1] "地中海贫血症"（意大利语：anemia mediterranea），又称海洋性贫血，是一种由于血红蛋白分子的遗传反常而引起的贫血。这种疾病在地中海地区最为常见，而且能够影响地中海地区的不同人种。（麦克米伦百科全书）

胎儿是否携带致病基因，并使用对孕妇危险性极低的手段，避免孩子的出生。意大利的法律允许预防性流产，患病胎儿出生的比例得以降到很低的水平。只有极少数严格遵守天主教信条的母亲，才会避免任何原因的堕胎。还存在一种道德上的顾虑，认为预防性堕胎是一种优生学行为，即通过筛选更好的基因型，提高整个物种的素质（为了提高物种素质而人工选择新生儿的做法是很危险的）。优生学在19世纪开始流行，但之后就失去了追捧者。理由很充分，简单来说，想要完全取代自然（Natura），人类还过于无知。对抗自然去救治病人，是人道主义的义务，并不会引起道德上的顾虑，也不会从根本上改变我们的基因组。我本人反对系统的优生学行为，对于人类能够比自然更好地保护生命这件事，我并没有太大的信心。但我认为，出于医学上的需要，进行保护性堕胎是可以接受的。因为这相当于在胎儿出生之前，就完成了自然选择在之后很快会做的事。这并非改变人类物种的行为，只是为了避免病人无尽的痛苦。因为疾病无法治愈，病人被迫过着不幸福的一生（并且除极少数情况外，还会是短暂的一生）。此外，也会给家人带来巨大的痛苦和经济上的沉重负担。因此，不必担心预防性堕胎会带来优生学的后果；相反，这是一种人道主义的行为，会产生巨大的积极影响。因此，我很费解为什么一些宗教会反对预防性堕胎。

我们的一个结论是，遗传学上的差异性进化并没有随着"走出非洲"的扩张而完全消失，它只是变慢了而已（至少在扩张的第一阶段，也是最长的阶段，即现代人祖先占据世界绝大部分地区的阶段是这样的）。主要是因为当时的人类拥有很多的机会，能够用相对简单的文化手段适应新环境，这在以前是无法想象的。

在现代人祖先的扩张阶段，有一个避免产生遗传学差异的重要保障，即相对较低的人口密度。这使不同环境下，可用的自然资源相对丰富，从而人们能避免做出过于艰难或危险的选择。进入农牧经济时代后，人口密度大幅增长，选择环境的自由度就下降了。最近三四千年来，由于无数次的武力入侵，那些采集狩猎者或在军事上未准备好的农民，不得不迁移到人口密度较低的环境中去。但从各个角度看，这些地方的生存环境都更为恶劣。宗教迫害是另外一个经常造成人口迁移或殖民的原因。1620 年，英国的新教徒们乘坐"五月花"号，驶离普利茅斯港，到达美洲并建立殖民地，取得了巨大成功。还有一些类似的例子。1650 年，在荷兰政府的委任下，法国和德国的新教徒，连同 1200 名荷兰农民，在开普敦建立殖民地，为绕过好望角与印度通商的船只提供食物和干净的水。瓦尔多派的信众是里昂人瓦尔多（Valdo）的追随者，在一次宗教危机之后，瓦尔多在 12—13 世纪开始了一场巡回布道运动。在经历了众多不幸和迁移之后，他们在皮埃蒙特山谷西侧扎根，并最后得到了国王卡洛·阿尔贝托 [1]（Carlo Alberto）的认可和保护。我们看到，通常情况下，那些遇到政治困难的群体会选择远离故土，逃到山区，因为那里地势更利于防御。在意

---

[1] 卡洛·阿尔贝托（意大利语：Carlo Alberto Amedeo），萨丁尼亚 – 皮埃蒙特王国国王（1831—1849），萨伏伊王朝旁系。

大利的阿夏戈 [1]（Asiago），有 7 个小镇的居民说着一种德语方言。究其原因，很有可能是因为威尼斯共和国曾把这块地方租借给了德国工人。当时，那里应该生活着席布里人（Cimbri）——北欧民族之一，公元前 101 年，被罗马将军马里奥在韦尔切利战役中击败。在意大利利古里亚、伦巴第和皮埃蒙特大区之间的一个亚平宁山谷中，生活着一个群体。经过遗传学分析，他们与巴斯克人存在一些相似之处。巴斯克人是生活在西班牙和法国之间、靠近大西洋的一个独立的种群。他们可能是最早生活在欧洲的居民的后裔。巴斯克语被认为源自世界最古老的语言之一（可能就是源自世界最古老的语言）。这门语言与一些相距十分遥远的民族（如生活在高加索地区、中国、语言上隶属亚洲的一些岛屿上的民族，以及美洲印第安人等）的语言有着惊人的相似之处。人们认为巴斯克语可能属于一个分布极其广泛的大语系，在现代人祖先"走出非洲"向亚洲西部扩张的过程中出现。巴斯克语连同其他类似的语言，原本属于一个超语系，但后来被一个更先进的超语系取代。这个语系包括印欧语系、亚非语系以及其他较小的语系，从而使先前的语系变成了零散的（规模较小的）语言孤岛。

进入农牧经济时代后，出现了更多由于文化发展带来的疾病。饮食集中在少数作物，甚至某一种作物或家畜，会对人体造成危害。此外，新的科学技术与能源技术的发展，造成了环境恶化。目前，对于这些危害的全面分析尚未完成。进入农牧经济时代后，

---

[1] 阿夏戈（辛布里语：Slege，德语：Schlägen），是意大利威尼托大区维琴察省的一个市镇。

环境恶化变得很常见，并可能会出现持续恶化。面对文化进步而造成的疾病，自然选择开始做出反应，从而给人类带来了新的、遗传学上的改变。其中最近、最典型的例子就是人类发展出了对乳糖的耐受性。这是文化进步带来的问题，人类从生理上对此做出了回应。乳糖耐受基因最早可能出现在约 6000 年前，乌拉尔地区以狩猎驯鹿为生的牧民身上。显而易见的是，他们在成人阶段也饮用鲜奶。这一突变使他们在饮用鲜奶后，不会出现任何不良反应，并且帮助他们充分转化从乳糖中获取的热量。这种乳糖耐受基因很快就在欧洲北部扩散。在寒冷地区，从乳糖中获取热量的能力，以及不产生不耐症状，有着明显的选择优势。这种新型基因如今在 95% 的欧洲北部居民中都能找到。很显然，这个优势在欧洲南部并没有那么重要，越往南，对乳糖耐受的成人比例在缓慢逐步降低（在撒丁岛和意大利南部，勉强能达到 20%—25%）。在全世界其他成人有饮用动物鲜奶习惯的地方，类似的突变也出现了。但全世界还有广大的区域，比如中国，那里成人一般不喝鲜奶，并且奶制品也只在少数地区生产。因此，这些地方乳糖不耐的现象很少出现。

在基因造成的表型差异中，带来最多社会与文化后果的，可能就是肤色（白皮肤）了。白皮肤起源于中东，时间是进入农牧经济时代的初期。白皮肤也是由于地方饮食造成的，而这一次的起因是麦子。在农业普及的地方，麦子几乎是农民食谱中唯一的粮食。这个表型似乎就是为了矫正由于过度依赖麦子而造成的疾病。麦子中不含维生素 D，而维生素 D 的缺乏会造成佝偻病。这是一种严重的骨骼病变，患者会出现可见的骨骼变形，严重的会导致残疾，有时甚至死亡。但是，人体能产生一种酶，可以把麦子中含有的一种类固醇转化为维生素 D。这种酶只能在紫外线照射下才能被激活。然而紫外线具有强烈的刺激性，对皮肤危害很大，甚至会造成肿瘤。非洲人的黑皮肤是由于黑色素的累积而形成的，它能够保护皮肤不受紫外线的危害。在阳光越强烈的地方，人的肤色就会越深；随着纬度的升高，黑色素沉积就会减少，肤色也就会越来越浅。能够把麦子中类固醇转化成维生素 D 的酶不在皮肤表层，而是在皮下。因此，紫外线在激活这种酶时，需要穿透皮肤表层。欧洲的紫外线强度较低，如果皮肤颜色过深，就无法制造维生素 D；如果肤色较浅，阳光便更容易穿透皮肤，制造维生素 D。这样一来，即使人们只食用麦子，也不会患佝偻病。因此，我们的肤色才是白色的。我们对自己的肤色感到骄傲，但这个遗传上的变化却激起了几个世纪以来最严重的种族主义。可能是因为大部分我们如今赖以为生的科技进步都出现在欧洲（但也有许多出现在中国，而那里人们的肤色不是白色的，食用时间最长的粮食是大米）。

值得注意的是，一些科技创新带来了危害，类似于饮食上对麦子高度依赖造成的情况。在 18—19 世纪的英国，工业迅速发展，煤炭作为能源被大量使用。煤炭的粉尘扩散到空气中，导致空气质量严重恶化：白天变成了黑夜，每样东西都被染上了黑色。甚至蝴蝶都不得不进化。因为之前在树上的时候，它们翅膀的伪装色能够保护它们免受鸟类的侵袭。但在黑色背景下，彩色的翅膀不再是保护色。自然选择让蝴蝶变成了深色，以适应新的环境。19 世纪，佝偻病疫情变得严重。人们发现紫外线是一种很好的预防手段。此外，还出现了其他的预防手段。年龄跟笔者相仿的读者可能还记得，在我们小的时候，通过喝一种以鳕鱼肝油制成的糖浆，来满足对维生素 D 的需求。所有的鱼类都富含维生素 D，这也是为什么因纽特人虽然生活在高纬度，却拥有深色的皮肤。

进入农牧经济时代后，自然选择带来的遗传学上的变化，再次变得繁多起来。很多原因导致的疾病变多了，比如出现了新的有毒物质，动物身上出现了新的寄生虫，或饮食中缺乏必要的物质等。当然，在必要的时候，自然选择也能作用于文化差异。与生物进化相比，文化演进对现代人类的影响似乎占据了主导地位。这时，研究文化传播的机制就变得很重要，尤其考虑到文化传播与生物遗传的相似性是表面的。但可以肯定的是，负责生物适应度与文化适应度的生物学结构是十分不同的：DNA 决定着生物进化，而中央神经系统（生物学中最有待研究的一部分）控制着文化演进。

在结束这一章之前，值得做出一个有意思的总结。农牧经济时代可能已经结束，并正在被科技时代所取代。到目前为止，这个时代最重要的文化演进，与金属的使用有关，再近一些的是新能源的使用（直到不久前还是木材，之后让位于煤炭，再后来是电能，最后还有其他的解决方式，比如核能）。我们可以说，农牧经济时代是科技时代的第一个阶段，这是一个十分漫长的阶段。现在，科技迅猛发展，有可能带来人口数量的再一次飞跃。假如人类的寿命允许，以及创新能力能够达到，现在人们甚至正在考虑开发宇宙空间（归功于空间站的宇航员，以及未来学学者）或者其他靠近我们的星球。

| 第十五章 |
社会单元：部落，民族，种族

　　"部落"（tribù）一词如今已不受欢迎，但它的含义明确，有助于研究史前人类分化形成的因素。"民族"[1]（etnia）这个词则不受这些偏见的影响。"民族"与"种族"的关系。

---

[1] 或"族群"（意大利语：gruppi etnici）。

想要详细描述农业经济时代，以及之后整个金属时代出现的社会变化，可能需要一整本书的篇幅。进入金属时代后，意味着武器不断升级，变得越来越强大。金属时代开始把我们带入了有文字记录的历史，有数不尽的作者留下了无数记录。在研究时，我尝试运用各种交叉学科思维去学习史前历史。值得一提的是，农业和畜牧业除了一些显著的差异之外，拥有一个基本的共同点，即出现了向私有产权或私有形态的过渡，社会等级出现分化，团体规模不断扩大。农业的发展使人们与土地的关系日益密切，从而促进了人口走向定居。土地的所有权几乎都为个人私有或家族所有，在一些情况下为集体所有（比如"公地"。[1]英国就出现过这种公用草地，所有牧民都能在公地里放牧）。公地在刚进入农牧经济时代时可能很常见，这代表了采集狩猎部落社会系统的转变。采集狩猎者拥有极少的私人财产，因为他们需要不停地迁移。此外，保持狩猎土地为公共财产的另一个原因，是因为狩猎很少是个人行为。

牧民几乎总是游居不定。如今他们会依照季节更替，赶着畜群转场迁移。游牧民族一度想要入侵更富庶的地区，从而掠夺并获取更多的利益。约5000年前，许多印欧民族从高加索地区及附近的山谷中出发，在铜器、青铜器，以及之后出现的铁器的帮助下，扩展到了欧洲和亚洲西部。尤其从3500—4000年前起，马匹

---

[1] "公地"（commons），是供某一特别地区的公众使用的地块。在封建时代的英国，当时贵族庄园或领域中未开发的土地可用作公共道路或放牧场，可钓鱼、伐木、采荆豆、挖草皮等。（英汉百科知识词典）

的使用，让一些民族成为具有极高机动性的军队。

约5000年前，在小亚细亚和埃及开始出现文字。文字的出现，标志着有据可考的历史正式开始。尽管在此之前，文字可能就已经被用来记录当地富庶农民所拥有的财富了。在这两个地区发展出了极为重要的科学与技术：对丈量拥有土地的需求，促进了几何学的诞生；为了适应季节更迭，合理安排农业生产，天文学获得了发展（有了天文学的帮助，在大洋上航行也成为可能）。事实上，所有这些发现和发明，独立出现在了三个农业发展水平较高的地区，分别是欧亚大陆的中东、亚洲东南部的中国以及美洲的墨西哥。

我们前面提到，采集狩猎者的社会单位是部落，每个部落约由1000人构成。有趣的是，这个数字与我们认识的人构成的社交圈人数接近，虽然经常接触的人数要比这个数目少得多。人们经常会在一些社会学读物中看到类似的文章，我自己也进行了检验。我数了自己电话通讯录中的人数，一共是428人。考虑到其中有很多是家庭电话，而一个家庭至少由两人构成，因此，把这个数字乘以二是合理的。这样一来，得出的数字就很接近1000了。当然，许多人可能出于职业需要，拥有更多的联系人，但大部分人的联系人数量都接近这个数字。因此，一个现代人的联系人数量与采集狩猎部落人数接近，就不令人惊讶了。因为一个部落的规模，是建立在成员之间能够正常开展社交活动的基础之上的。在采集狩猎时代，一个部落一定会占据一片土地，土地的大小取决于生产活动以及可利用的自然资源。我们之前提到，一个部落的直径与意大利一个大区的类似，约为 200 千米。进入农业社会后，这个直径显著缩小。这是由于可支配资源增加，人口密度显著提高，越来越多的农民选择定居生活。1000 这个数字，也大致与一个人为获得最需要的帮助所需认识的人数相当。这些帮助可能是身体上的，也可能是精神上的，或是性方面的：在西方文明中，每一千人拥有一名医生，一名牧师和一名妓女（在史前文化以及少数现存部落中，"萨满"既提供医疗帮助，也提供精神支持）。

　　进入农牧经济时代后，在采集狩猎部落尚未分化之前，成员数目会显著提高。有许多部落还保持着原来的名字，但当一部分人从原先的部落脱离之后，他们就会建立与之前不同（首先是地理上的不同，随着时间的推移，语言也会产生差异）的部落，这种情况也很常见。最近 3000 年来，尼日利亚是非洲农业发展最快的国家。这个国家三个人数最多的民族分别是约鲁巴族（yoruba）、豪萨族（hausa）和伊博族（ibo），分别有 2400 万人、2400 万人和 1800 万人。埃塞俄比亚最大的民族有 2300 万人，肯尼亚的则是 700 万人。考虑到许多部落并没有在采集狩猎经济时代改变他们部落的名字，因此这些数字是合理的。但是比现存部落数量更有用的一个数字，是不同语言的数目。我们前面已经看到，目前现存的语言总数，与基于人口统计学计算出的、人类刚进入农牧经济时代时的部落数量相当。

　　随着农业的进步，许多地区发展出了大小不一的社会中心，并且人口密度得到显著提高。根据德国地理学家、经济学家瓦尔特·克里斯塔勒[1]（Walter Christaller）的理论，城市和村庄通常呈六边形分布，目的是能够最大限度地利用土地，并尽可能地缩短每个居住中心之间的距离。另外一个在进入农业文明之后才出现的新事物是市场，它通常位于所在区域的中心。市场也是呈六边形分布的，市场之间的距离，等于居民当天往返最近市场的距离。市场也是庆祝节日的地方，这种习俗在很久以前的采集狩猎时代就存在。时至今日，同一部落的俾格米人还会聚到一起庆祝节日，他们载歌载舞，能够持续好几天。此外，除了教堂之外，市场通常也是结婚的场所。

鉴于人们不愿再提及以前不愉快的历史，"部落"一词在政治层面已经过时了，其形容词"部落的"（tribale）也通常被认为是贬义的。"部落"一词在现代意大利语中已经被"民族"取代，这个词的含义更具普遍性，能够在语言学、文化学或人类学（物理学和遗传学）中被接受。但在科学应用中，需要详细说明所采用的定义。"种"（razza）在动物学和植物学中，用于划分不同的物种。在上述领域中，还会经常用到的另一个词是"变种"（varietà），但用法不是很明确。此外，"种"这个词在家畜养殖或作物种植中有着明确的含义，它是指依据特定性状，人工筛选出的一组有机体。在这种情况下，虽然存在数十上百种的马、狗、猫和许多其他的动物与植物，但对这个词汇的使用是明确的。"razza"一词的词源尚不明确，许多人认为它源自阿拉伯语"haras"，与种马和养

---

[1] 瓦尔特·克里斯塔勒（Walter Christaller），德国地理学家，专门研究城市分布规律。他于1933年创立出"中心地理论"，被视为地理学界的一个重要理论。

殖有关。这个词变得很常见，也因为它在政治上巨大（可憎）的影响。尤其在希特勒时代，他下令对犹太人实行种族灭绝政策，并且希望能够将该政策扩展到许多其他"劣等民族"。

动物学家或植物学家给"种"下的定义是：在一个群体的不同个体间，彼此的遗传学相似度大于那些分属于其他群体的个体，这样的群体被称为同"种"。18世纪，历史上第一位人类学家约翰·弗里德里希·布卢门巴赫与第一位生态分类学家林奈，把人类按照5大洲分成5大人种。这种分类虽然并不完全错误，但却十分不精确。达尔文意识到，对人种进行分类是行不通的，因为地理上的差异几乎是连续性的。后来的人类学家对人种做出进一步细分，但无法在数目上达成一致。人种数量也从两种到70种不等，对于这一结果我们就不必感到惊讶了。人类遗传学上的相似性是由最近共同祖先决定的，即是由现代人的迁移历史决定的。一些社会群体在地理、社会、经济阻隔的影响下形成，而迁移决定了以繁衍后代为目的的结合的可能性。通婚主要发生在地理距离较近的种群之间，因此，遗传学相似度对于不同种群之间的地理距离很敏感。随着距离的增加，遗传学相似度会降低。我们前面看到，种群的遗传变异与其地理位置呈现出完美连续的线性关系。决定进化的因素，比如遗传漂变和人口迁移，几乎能够解释所有已观测到的差异，而自然选择带来的遗传学差异则是微乎其微的。如果人类的适应度几乎完全是由于文化造成的，那么不同种群之间的遗传学差异应该很小。现代人遗传学差异的大小与地理距离远近所呈现的几乎完美的对应关系，也解释了为什么人们能够观察到，不同大洲种群之间存在一些差异。这些差异也让"种族"这个词第一次被使用。两个位于不同大洲种群之间的距离，大于两个位于同一大洲种群之间的距离。但是，依据大洲划分人种的做法，无论如何都太过于粗略。对真实数据的分析表明，欧亚大陆几乎是一个统一的大洲。事实上，不同人种的遗传变异，会随着经度和纬度的变化而变化。按照遗传学差异，人们可以把欧洲人分成30多个不同的种群，这种划分与地理和语言界限相对应（Barbujani e Sokal，1990）。如果根据种群占据的区域来看，全球部落的数目（约400个）似乎被低估了。但如果依据已获取的DNA数据进行同样的分析，则会得到一个大得多的数目。地中海沿岸的居民表现出了显著的相似性。在非洲撒哈拉以南的萨赫勒地区，以及东部和西部之间的区域，表现出了一定程度的不连贯性（主要是因为沙漠地区人口稀少），但总体呈现连续的梯度变化。实际上，根据大洲划分的人种，与另一个实践上更加重要的层面——医学的相关度不高。因为只有遗传学分析的精确度显著提高，对人种与疾病之间联系的研究才会变得真正有用。虽然人类遗传变异具有很高的连贯性，但依据地理和民族，对不同种群的遗传变异进行医学层面的分析仍是重要的，因为一些罕见的遗传性疾病高度集中在某些地区。此外，一些发现可能有助于药物学研究。

　　无论是在医学层面，还是在社会经济、政治、文化等层面，在对群体进行遗传学划分时，不能忽视不同种群文化上的差异。"民族"一词不仅用来区分不同种群遗传学上的差异，还能用来说明文化上的不同，但在文化层面十分灵活。只有一个文化特征能够用来区分不同民族，那便是语言（它拥有不同谱系和分类）。

意大利有许多民族（少数民族）仍说着各自独特的语言或方言。许多语言上的界限，随着人口内部迁移被慢慢地侵蚀了。但时至今日，许多界限仍清楚地保留了下来。语言很有用，但也需要重视方言，因为基于相互可理解性的标准，方言事实上也可以被认为是不同的语言。根据初步获得的数据，随着地理距离的增加，不同种群语言的平均差异也会随之增加。这一原则在语言学上也同样适用，但目前还缺乏令人完全信服的论证。此外，方言之间的界限，并不像语言之间那么清晰。至少在意大利，方言与大区之间存在高度的对应关系。国界的划分是以自然地理界线为基础的，比如山川或河流。这些物理上的障碍，是造成语言差异的原因。在大区内部，也存在文化和语言上的差异。对于这种情况，就很难划定明确的界限了。总的来说，意大利各省仍然保留着一定的个性。首府是各个省的标志性城市，一般而言，有着特殊的重要性，虽然人口可能只有几万人。我记得在帕维亚基斯列里寄宿学校上学时，那个年代学校只接受伦巴第大区的学生，或伦巴第大区人的子女。我能够根据口音，判断出我的约100名同学分别来自伦巴第大区的哪个省。在那个人口迁移还十分有限的年代，每个省都保留着重要的特征。

意大利的省，几乎都以市镇的形式，分布在意大利的北部和中北部，地位相当于文化和商业中心。南方的市政体制稍有不同，但城市的地理分布和北方类似，具有同样的功能。两个毗邻的意大利小城之间的平均距离约为 60 千米，少数几个距离可能大于 60 千米。在还只能依靠步行，或是驴拉货物的年代，住在最偏远镇子里的居民，平均要走 30 千米才能到达城市。他们一早出发，在城里逗留几个小时，能够在傍晚赶回家。少数能够乘坐马车的人，能够缩短一些往返的时间。意大利的 110 个省目前仍然是文化和商业的中心，但是没人再走着进城。自 19 世纪起，出现了最早的公共机械交通工具——铁路。如今人们计算居住地与工作地点的距离，是基于乘坐相应交通工具和与之对应的通勤时间。

当代人类学家对传统种群进行研究，为找出他们之间的文化差异。不同领域的科学家，根据已收集观察到的数据，绘制了不同的分布地图。所有的数据几乎都是共时的，也就是当代的。他们收集的信息包括家庭风俗、建筑模式、男女不同职业分工、饮食习惯及其他生活习惯和规则。美国人类学家乔治·彼得·默多克（George Peter Murdock）发表过一个很著名的地图册（Murdock，1967），他研究了人类学特征在非洲的地理分布，如今在网上可以找到这些收集到的数据。之后，我与罗萨尔芭·古列尔米诺（Rosalba Guglielmino）、卡拉·维加诺蒂（Carla Viganotti）一起，完成了对默多克研究的初步分析（Guglielmino，Viganotti，Hewlett，Cavalli Sforza，1995）。在地图册再版时，古列尔米诺和休利特运用新的方法，再次开展研究（Hewlett，De Silvestri e Guglielmino，2002）。结果表明，文化特征上的差异与地理距离相关。但考虑到文化会随着时间快速变化，这个相关度可能没有地理距离与遗传学差异的相关度那么高。

目前，绝大部分已研究特征的地理分布呈现出了明显的聚集趋势，就好像它们分别有一些独立的起源地。对于每一个特征，我们致力于在下列三种机制中进行选择，从而更好地解释已观测到的地理分布特点。

1. 一个种群带着他们几乎没有变化的风俗，从一个小的区域，向一个更广阔的区域进行扩张，这个过程我们称为"人口扩散"。历史上出现过人们熟知的人口扩散的例子，尤其对于复杂的风俗（比如农业）传统上只在家庭内部传承。

2. 一种风俗或发明，由于被附近的种群模仿而得以传播，这种现象被称为"文化扩散"，与传染病的传播十分相似。比如，家庭制作的乐器，很有可能是以这种方式传播的。

3. 有时，同样的发明出现在相距较远，且没有交流的不同地方，但是两地的环境类似。比如，一些环境下适合捕鱼，或适合狩猎某种罕见的猎物。

研究表明，通常被人类学家认为最常见的第三种机制，事实上比第一种机制少见；第二种机制位于中间，而第一种机制则比人们第一眼看上去的更加可信。

| 第十六章 |
文化演进的要素

　　在文化演进中，创新取代了生物学中的突变，但二者又有着深刻的差异。自然选择仍至关重要，但分成两部分。实际上，自然选择对文化演进也同样起作用，但并非作用在第一时间。在此之前，存在另外一种选择（称为文化选择），它决定人们是否会接受一项创新。"文化漂变"和"文化迁移"都发挥着十分重要的作用。且需要考虑到遗传学的另外一个方面：人们不应忽视文化传播的重要性。当然，上述概念之所以有意义，是因为存在另外一种能够自我复制的东西——文化DNA，它是思想（idea），也被称为"模因"（memi）、"记忆因子"（mnemi）或"思想种子"（semi）。

在开始这一章之前，有必要先解释，我们为什么能够把研究生物进化的理论，扩展到文化演进上来。在生物进化中，基因能够自我复制，并且会发生突变。当同时存在突变基因和未突变基因时，（自然选择）会自动选择后代数量更多的基因。突变带来了遗传变异，并会被自动选择。一般而言，被选择的突变能够提高生物的适应度。进化就是以这种方式进行的，它带来了不同的基因型。这些基因型在时间和空间的维度上不断改变比例，从而造成了不同种群的转变与分化。

孟德尔用"元素"（elementi）一词定义之后被称为基因（geni）的物质。但是，现在定义的基因，仅限于那些能够生产制造蛋白质的 DNA 片段。然而孟德尔所说的元素，通常指的是单个的核苷酸。那文化的"元素"又是什么呢？与基因或 DNA 对应的东西又是什么呢？很显然，它们是能从一个人传给另外一个人的观念，是我们通过语言，传授给子女、朋友以及所有我们能接触到的人的思想。我们能够把接受到的观念原封不动地传递给他人，也可以传播修改过的或新的思想。如果我们要问，思想的物理性质是什么？这个问题很难回答。事实上，我们也不清楚。但它们是出现在我们大脑中的某种东西，主要位于大脑皮层的神经细胞中。神经细胞有数千亿之多，彼此通过细胞延伸出的神经纤维连接。我们通过记录到的电流，神经细胞消耗的葡萄糖或其他物质，研究它们的活动。此外，我们还知道，在大脑和电脑之间，存在表面上的相似性。电脑能够在特定条件下，复制大脑活动。

神经生理学[1]已经取得了重大进展，我们可以期待，再过几年，人们能够对大脑有更为深入的认识。目前我们所处的阶段，大致相当于遗传学发现 DNA 的物质结构之前所处的水平。思想的物理结构是什么？为了不留下这个巨大的问号，我们可以说，无论是新思想，还是旧思想，可能都是在一个特定的回路中，通过某种方式相互连接的神经元的集合。最主要的是，当有人跟我们讲解一个新的想法时，通常情况下，我们能明白他说的是什么，然后接纳这个想法（或是拒绝这个想法），并在这个想法的启发下采取一些行动。

事实上，我们已经向前迈进了一步。因为当别人向我们提出一个想法时，我们会接受它（或拒绝它），这就已经发生了（或者没有发生）文化的传播。文化演进中，与遗传学第一个阶段，即突变，对应的部分是新想法的产生。我们可以称为"创新"或"发明"。如果没有新想法产生，则有另外一个突变的可能，即某一想法或传统的丢失（也就是"减法的"突变，DNA 中实际上也会出现一段信息，或甚至仅仅一个碱基丢失的情况）。在这里我想举一个我深入研究过的非洲部落——俾格米人部落的例子。有一次，我要前往一个非常偏僻的营地，带了一个班图农民做向导。当我们正在和俾格米人交谈时，那个向导发现，一些儿童和一位妇女的脚上长满了虮子。于是，他便开始教那位妇女如何清理孩子的

---

[1] 神经生理学（neurophysiology），即神经系统的生理学。为神经生物学的一个分支。其任务是从生理学角度研究神经系统内分子水平、细胞水平和系统水平的正常生理活动过程以及这些过程的整合作用及其规律，直至最复杂的高级功能。（兽医大辞典）

指甲。我自己也曾遇到过两次，脚上的汗毛下长了一些虱子，但没法清理出来。几个月之后回到家，我发现脚上已经出现红肿，不得不做了一个手术。但如果我知道方法，很容易就可以用刀尖把幼虱清理出来。那个营地的妇女和其他人可能已经忘了这个简单的技巧，或者是对使用这个技巧不感兴趣。

对于那些获悉了一个新想法（或至少对一些人而言还未知的想法）的人，他们有把这个想法传递给别人的愿望；或者当其他人了解到这个想法带来的好处时，就会想要去学习它，这就是传播的行为。但如果想法遭到拒绝，或他人没有能力去学习，传播也可能不起作用。我们可以把传播分成两个阶段：①一个信息、一个想法从老师（transmitter）传到学生（transmittee）；②对这个想法的理解和学习。这就是思想复制的过程，当思想从一个人的大脑传到另外一个人的大脑时就会发生。这个过程与繁衍后代的行为很像。因此，我们也可以称之为"思想的自我复制"。当然，生物学与文化的复制机制有着深刻的差异，但最终结果实际上是一样的。一个 DNA 能够生产许多它自身的副本，并且宿主在不同的个体内，也就是后代体内；而思想能够在别人的大脑中产生许多自身的副本，这里"别人"既可以是自己的后代，也可以是没有亲缘关系的其他人。毫无疑问，思想是能够自我复制的。同样可以确定的是，思想也有突变的可能。这里需要从更普遍的意义上去理解突变。因为它有可能产生全新的思想，这些思想从无到有，属于真正的创造。思想是物质的（虽然我们还不知道它究竟是什么），因为它需要通过身体和大脑制造，并在传播的过程中进行复制。正如 DNA 是物质的，虽然两者的性质不同。

　　事实上，DNA 和思想的相似性，比初次分析时看起来更为深刻。因为 DNA 中也存在产生全新 DNA 的可能性，就像产生一个从未出现过的思想一样；思想也能像遗传学中产生新基因那样，产生新想法；新基因的产生通常是复制了其他相似的基因，复制的过程中可能伴随出现新的突变，新基因从而能够获得与原来基因不同的功能。原来的功能可能在原先的基因中保持不变，而新基因能够获取新功能。通常新功能与原来的类似，但会负责另外一个方向。事实上，通过这种机制能够形成基因家族。在 DNA 研究中，人们发现了极多与此相关的例子，因为完整的基因复制过程会发生许多次。此外，每个 DNA 副本在进化的过程中经常承担着不同的功能，虽然通常情况下这些功能类似，但有时会有不同的名字，血红蛋白（emoglobina）就是一个典型的例子：用于指导生产血红蛋白的 DNA 副本，能够制造出与血红蛋白有着相似功能的蛋白质，它们是肌红蛋白（mioglobina）。从名字（前缀 mio）我们就能看出，这种蛋白质位于肌肉中，而血红蛋白（前缀 emo）则位于血液中。这两种蛋白质在很早的时候就分化成了两支，并且它们的功能显著不同：肌红蛋白存在于肌肉中，在氧气密度比血红蛋白更低的环境中工作；而血红蛋白则在肺部工作，需要与空气接触。这两种蛋白质的结构在自然选择的作用下出现分化，从而提高了它们在不同环境中工作的产出，但它们运载氧气的功能是类似的。我们在第八章中提到，血红蛋白由两种不同的珠蛋白分子构成（α 链和 β 链），这两个分子链从同一个原始珠蛋白复制而来；而肌红蛋白只由一个珠蛋白分子构成。当一个基因的副本开始形成时，它们在原来的染色体上彼此相邻，之后会移动到基因组的其他位置。

我们要认识到，突变与创新的类比存在一个严重的缺陷。这一点非常重要，因为两者有一个本质上的不同。我们说过，突变是罕见的，发明也是如此。很多时候，同一项发明会不止一次出现，而突变也会在不同的时间、地点不止一次地出现，无数的例子已经证明了这一点。相同的发明倾向于出现在相近的时间（即人们所说的时机已经"成熟"的时候），而突变却总是随机出现的，并可能在十分不同的时间出现。当然，同一个基因在一些外部环境的影响下，也会出现相似的或相同的突变。突变发生时间接近，但出现的地点不同。这一点也是有例可证的。比如在非洲和印度都发现了镰刀型红血球突变，在非洲甚至不同地方都曾出现过。但这些都是同一种刺激造成的，即农业扩展带来的疟疾传播。

类似地，人们很难想象，如电话、收音机以及其他许多有用的发明，会在不同的时间多次出现。实际上，对于类似的发明而言，在"其他时间"，技术可能尚未成熟，或者人们没有意识到这方面的需求。所有这一切说明了两者最重大的差别，即与突变不同，发明不是一个随机出现的现象。因为发明的出现，是为了满足一项现实的需求。如果存在这个需求，并且发明像人们想要的那样"有用"，那么这项发明就必然会取得成功，而且会得到迅速推广（推广是一个文化传播的问题，我们在后面会看到）。

事实上，文化的演进更接近拉马克的理论，而非达尔文的理论，并且不只针对获得特征的遗传。拉马克曾谈到有关"进化的愿望"的说法，这一点很难在 DNA 中发现。然而，认为这种愿望在产生新思想时发挥着重要作用，这种想法却并不荒唐。虽然发明者的目的，可能是为了使人类变富裕，或让自己变富裕（或至少变得出名）。那人们便要问，文化的演进带来的是真正的进步吗？这里需要做一个区分：有关科技上的进步，无疑是不可否认的；但是回到改善生活质量这个话题，答案就变得更为复杂了。首先，每一项发明不仅会给人们带来裨益，同时还需要人们为之付出代价。然而，这个代价通常很难预估（尤其是长期的），有时甚至是沉重的。内燃机的发明者，能够预测到我们今天需要面对的，由于内燃机带来的空气污染问题吗？他能够预测到由于汽车事故造成的伤亡人数吗？其次，我们很容易变成舒适的奴隶，倾向于把舒适的失去等同于不幸福、不快乐，而不去思考其实舒适的获得，的的确确提高了我们的幸福感。但是这个话题过于复杂，我们需要更好地研究神经生理学才能理解。

毫无疑问，任何有能力自我复制和突变的事物，都会在某种形式下成为自然选择的对象，这一点我们会在后文进一步讨论。思想从一个人的大脑，传到另一个人的大脑，是一种形式的自我复制。假如有不同的思想在相互竞争，文化选择和自然选择就会起作用。我们在前面说过，思想很有可能是一个由神经元构成的回路。当在大脑中通过目前我们尚未知晓细节的复杂机制形成之后，它便能够长时间地存在（有可能存在一生）。我们可以确定，有些思想是与生俱来的，也就是说，这些回路是在胚胎发展的过程中形成的。它们中的许多在出生时便已经形成，也有可能在出生前就已存在。我们可以认为，这些回路是嵌刻在我们 DNA 之中的。许多其他的思想则是伴随着文化的发展，出现在我们生命中。一方面是我们从他人那里学习新思想，另一方面是我们自身在发展这些思想。

到目前为止，我们仍在使用"思想"（idea）一词，来表示在文化演进中能够自我复制的东西。现在我们来讨论其他一些被提出的术语。理查德·道金斯（Richard Dawkins）在他《自私的基因》（1976）一书中，提议把"思想"，即能够自我复制并且发生突变的东西，也就是文化演进的基本单元，称为"模因"[1]（Meme）（Dawkins，1994）。在书中，他说明了这个概念的起源，他引用了我在 1971 年发表的、关于文化演进基础的第一篇文章（Cavalli Sforza，1971，pp. 535–541）。之后，我与马库斯·费尔德曼合作，写了一些其他关于这一主题的文章，都被总结收录在《文化的传播与演进》一书中（Cavalli Sforza e Feldman，1981）。我们在书中使用的，用于说明能够自我复制的文化基本单元的术语既不是"思想"也不是"模因"，而是"文化特性"。虽然这个词有点长，但却更加学术。我们对"模因"一词的使用热情并不高，因为这个词强调文化传播中模仿的重要性。但许多文化的扩散，是通过直接和主动的教授进行的，而非被动的模仿。我们提议使用另外一个词"记忆因子"（mneme），这个词侧重记忆层面；之后我们建议

---

[1] 模因（Meme），也称为文化基因，是文化资讯传承时的单位。即一个想法、行为或风格从一个人到另一个人的文化传播过程。

用"思想种子"（seme）作为沟通的单元。翁贝托·艾科[1]（Umberto Eco）提醒我们，在符号学中，已经有过使用这个词的先例，但使用范围更窄。很可惜，因为这个词还有一个比喻义，包括自我复制的能力。如果能够借用这个在符号学中不常用的词，取代目前主流认可的"模因"一词，我认为可能会更合适。否则，便意味着我们已经"错过了这个词的班车"。上述所有提到的术语，所要表达的概念都是相同的。而"思想"这个词，无疑是上述术语的一个很有用的近义词，它的意义更为直接且更加普遍。

漂变和迁移能够适用于文化演进吗？答案是能，并且可以直接运用。在遗传学中，由于每一代中父母的数量是有限的，因此从一代到另一代，某一基因不同形态的相关频率，会不可避免出现数据上的波动，这种现象我们称为遗传漂变。在第八章中，我们看到，假如最早的美洲印第安人祖先只有 5 人或 10 人，那么 A/B/O 三种血型中，A/B 血型的基因型丢失的可能性很高，而其他基因型丢失的可能性较低。基因型的丢失总是随机的，比如，也可能会出现 B/O 血型基因型的丢失，只保留 A 血型基因型。在文化演进中，一个思想的父亲只有一个，即发明者本人，虽然有时不止一个（但无论如何，发明者的数量总是很少）。这对于突变同样适用。如果一些思想是通过上级强加的，那么传播者只有一个，通常发明者也是唯一的。天主教教义由教皇颁发之后，会自动地被所有天主教教徒接受。在绝对君主制下，违背君主的意志是一

---

[1]　翁贝托·艾科（Umberto Eco），意大利博洛尼亚大学教授，著名符号学家、评论家。（中外影视大辞典）

件危险的事情。在这些情况下，漂变的力量会达到最大。因为传播者只有一个，但他却会有许多文化上的后代。

迁移在文化演进中也扮演着十分重要的角色。最伟大的语言分类学家约瑟夫·格林伯格（于 2001 年去世）认为，语言中借用词汇的现象，通常源于来自外族的母亲。在许多文化中，人们都接受与另一个部落女性结合的婚姻。在新婚夫妇来自不同地方的婚姻中，70% 的情况是女性来自外部。部落和语言会时常重合，这几乎是确定的事。来自另外一个部落的成员，通常说着另外一种语言。这并不会带来严重的问题，因为在部落和语言高度分裂的地方，也有许多通晓多种语言的人。因此，不同民族成员通婚，是文化迁移中一个常见现象。与此同时，文化迁移也会带来遗传学上的迁移。我们把自己的语言称为"母语"，因为它是我们在出生后最初的 3—4 年间，由母亲或承担母亲角色的人教授给我们的。那些嫁到其他部落的女性，如果不会说该部落的语言，则需要学习他们的语言。与此同时，她们也会把自己母语中的一些词汇教授给子女。比如，我和我的孩子就从我的妻子那里，学到了许多维内托方言中特有的表达方式。

20 世纪 20 年代，英美考古学受到戈登·柴尔德[1]（Gordon Childe）的影响，倾向于用在特定时期、特定区域内发现的代表性物件〔比如，新石器时代的"斑纹陶器"或"贝尔陶器"（bell beaker）以及金属时代早期的战斧等〕来区分欧洲史前的民族；并

---

[1] 戈登·柴尔德（Vere Gordon Childe），澳大利亚语言学家，后来转向考古学研究。

认为这些民族的到来，是由于特定迁移的结果。这种假设一部分是可信的，尤其是有关新石器时代的内容（这段时期内，出现了复杂的风俗与生活方式的变化）。但对于那些并不需要特别复杂的学习，就能生产出来的物件而言，迁移因素的影响就并不十分确定了。第二次世界大战后则出现了思潮的完全逆转：迁移解释理论被英国和美国考古学家们抛弃了（这本身就是一个典型的文化迁移现象）。虽然特定文化区域的代表性考古物件与遗传迁移无关，但迁移仍然是存在的，只是变成了纯文化上的迁移。事实上，这些物件不一定都是在使用地生产的，也有可能是商人带来的。这是英美人类学家喜欢的一个观点。商业迁移是一种更加专业、更受限制的迁移方式，通常是暂时的，但却一直存在。商业迁移之后，生产很有可能在当地完成，就像现在仍然十分常见的那样。

　　如今，真正的遗传迁移，可以通过遗传学手段进行研究，分为男性迁移和女性迁移。毫无疑问，遗传迁移是造成遗传多样性和文化多样性及其梯度变化的重要因素。当然，需要区分遗传迁移和文化迁移，因为前者对基因有直接影响，后者则受到商人、艺术家、旅行家的影响，并且在各个时代都出现过。遗传学上的渗透，可能会影响文化上的渗透，反之亦然。然而，与那些历史上重大的、从一个城市迁移到另一地点所带来的文化渗透相比，遗传渗透的比例是很小的。比如，从公元前 1000 年到公元元年，意大利先后被地中海沿岸的希腊人、腓尼基和迦太基人殖民。此外，还出现了许多规模较小的迁移，正是这些迁移带来了至今可辨的少数民族。之后已知的小规模移民，主要发生在罗马帝国和拜占庭帝国时期，在更晚的时期也时有发生［例如，在撒丁岛沿岸出现的小规模移民，比如阿尔盖罗[1]（Alghero）的加泰罗尼亚人，东北部的比萨人，圣彼得岛上的利古里亚人］。然而，最大规模的迁移，很有可能发生在人口大扩张时期，伴随着农业和一些语系的扩张（Renfrew，1987；Diamond e Bellwood，2003，pp. 597-603）。在意大利半岛和西西里岛，有许多重要的少数民族和少数民族语言，比如阿尔巴尼亚语和希腊语。在小城卡利梅拉（Calimera）（位于普里亚大区南部）附近的 9 个市镇，那里的居民至今仍说着希腊语。在这种情况下，基于经典遗传多态性的分析（蛋白质），并不能清楚地展示他们与其他邻近种群之间的差异。如果使用 DNA 标记重复该分析，也许可以得出不同的结果，因为这项技术拥有更高的精度。但当地居民已经受到了希腊文化的明显渗透。另外，人们经常讨论的一个问题是，入侵者的军队是否造成了基因扩散。但针对这方面研究可靠的数据还很少。然而需要说明的是，军队只在特定的历史时刻存在，并且在大多数情况下，比起被征服民族的数量，军队的人数要少得多。因此，很有可能军队对于基因扩散的作用是极其有限的，少数特殊情况除外：在中美洲，尤其是在南部一些城市中，人们发现 Y 染色体几乎完全来自欧洲，而线粒体 DNA 却来自美洲印第安人。

---

[1] 阿尔盖罗是意大利撒丁大区萨萨里省的一个镇，普遍使用加泰罗尼亚语。

| 第十七章 |
文化作为适应机制

　　文化是一种迅速的、全能性的适应机制。与遗传适应度相比，两者在速度和遗传稳定性上的差异。与遗传学多样性相比，文化多样性在种群之间和种群之内的关系有可能完全相反。

人类与其他生命体相比，进化的速度是十分惊人的。因为人类发展出了比其他所有动物都更高级的文化。而文化可以被视为一种极其有效的环境适应机制。通过遗传变异来适应环境的过程是极其缓慢的，尤其对于像人类这样的生命体而言。由于自我复制的速度很慢，需要等待无数代的时间，才可能获得想要的变化（一些特殊情况除外）。

我们不能指望通过迅速改善人类的基因来适应环境，至少凭借现有的技术还无法实现。但朝着这个方向，很快将会取得进展。对于从医学角度直接改变我们体细胞的基因，并使干预的影响限于我们自身的做法，人们审慎考虑后达成了一致，认为是可以接受的。但有意识地通过直接手段修改后代基因的做法，无疑是优生学行为。至少基于目前人们的认知水平，无论是从道德层面，还是社会层面，这种行为都被视为是不可接受的。虽然有一些人，通过推动对此感兴趣的女性，选择成功男性的精子进行人工受孕，来诉求这方面的权利。但事实上，我们没有足够的认知去评判基因的"好坏"。当然，少数情况下除外，比如，我们能够判断出那些导致严重疾病的基因。在这种情况下，出于人道主义的考虑，我们会建议采取模仿自然选择的手段，以减轻病人、家庭和社会在未来的负担。也就是说，在确认即将出生的生命注定会给家庭带来极大痛苦的情况下，在父母或至少母亲的要求下，通过提前终止妊娠的方式来控制疾病。遗憾的是，不少宗教都拒绝这个重要的措施。正如先前所说，这种手段并非优生学，因为它不会改变基因的频率，只是通过终止妊娠的方式，防止患有严重无法治愈疾病的生命出生。

一个生命体就像一个细菌那样会迅速地自我复制，可能只需要 10 分钟，就能复制一个与自己一模一样的生命体；在几个小时内，就能够产生数以十亿计的后代；只要能够找到充足的食物，在极短的时间内，产生的后代便能覆盖整个地球。人类繁衍一代人的时间，大概需要 25—30 年。但人类发明了工具能够帮助他们，并且赋予他们超凡的可能性。比如，创造新事物，迅速地穿过大海和陆地、飞行、远距离通信等。人们能够利用这些完全属于文化的技术，去解决无数的现实问题，并且能极快地把这些技术传递给所有人。事实上，文化创新带来的利益分配十分不平等，而改变世界上机会不平等的现状十分困难。

人们还可以矛盾地认为，文化也是一种生物结构。因为文化需要依靠双手去制作工具，用喉咙去说话，用耳朵去听，用大脑去理解等。这些器官让我们彼此之间能够相互沟通，使我们得以发明和建造新的机器，开展特定的、有用的活动，做一切有必要的、想要做的以及可能的事。但文化始终是一种具有巨大灵活性的机制，它使我们能够运用在大脑中产生的任何思想，为不断出现在生活中的问题寻找解决方案。

除了全能性之外，文化的另外一大特点，就是能够迅速地在整个种群内扩散：这种适应机制由于一个或多个创新得以成为可能，只要文化在扩散的过程中，没有受到地理、经济或社会的阻隔。由于现代生活需要大量的知识和必要的技能，因此，人们很自然地意识到了高度专业化与分工的重要性。在一个社会中，成员彼此间的交流十分重要。因此，那些能够让整个社会联系更加流畅和高效的行为，就容易在群体内传播，从而促成了一种特定的文化统一性。另外，语言进化的速度很快，那些不需要或很少需要进行接触的群体之间很少有文化交流。因此，即使是邻近的群体，他们的语言也会很快发展出差异。两个种群只要分离1000—1500 年的时间，他们便无法理解对方的语言。方言与特定的起源地相连，而这些方言不断分化，直到最后无法相互理解，变成了不同的语言。

语言差异通常会阻碍文化交流，并增加不同群体间的文化差异。我们可以预计，不同种群之间的文化差异大，而同一种群内部的文化差异小。这一点正好与遗传变异情况相反，不同种群之间的差异要小于同一种群内部差异。这一规律看似很合理，但在我看来，它还有待被更好地证明，并且通过更为明确的方式表达出来。这一规律对于语言来说是十分明显的，对于许多其他通过社会习得的行为而言，似乎也同样适用。

检测这一假设的正确性是值得的。之所以很难分析不同文化之间的差异，是因为很难建立起一套有效的检测标准，从而对不同文化特点的差异进行定性分析。这个假设之所以合理，是因为一个群体内的文化是延续性的，而遗传变异并不具备这一特点。事实上，遗传变异能够达到很高的水平。一个物种的遗传变异越大，就越有优势，因为这有助于维持整个物种个体完整的生育能力。我们都知道，全世界各个民族的人类之间不存在生殖隔离。原因很简单，因为我们是一个非常年轻的物种，群体成员之间产生的差异还十分有限。人类肤色之间的差异让我们觉得吃惊，但这只是对不同气候和环境适应的结果。肤色差异只与少数的基因相关。之所以差异很明显，是因为这是在适应环境过程中，体现在身体表面上的变化。

与遗传学上的差异不同，许多文化差异会迅速增加。然而，这种情况不会在同一种群内部自由发展，因为同一社会群体内部有着密切的文化交流。为了适应这种需要，个体行为会呈现高度的相似性，从而能够维持社会关系。相反，不同种群间由于文化交流少，因此就会相对容易产生文化差异。移民通常能够在很短的时间内，学会在一个新的国家生存所必要的东西。此外，最常见的社会规则之一是"接待"，即接纳外国人，并乐于为他们提供帮助。这种社会机制使从属于不同文化的群体之间也能够进行文化交流（在特定的限度内）。然而，遗传变异会保留下来，并随着时间的推移保持稳定。但是遗传变异在群体里会遇到唯一的限制是"种间能育性"，即如果在同一个群体内部繁衍，就不会产生多样性。尤其对于那些由于数量增加和地理扩张而迅速扩大的种群，比如人类，会在很长时间内保持他们原有的遗传变异性（它在所有种群的内部会保持相似性）。不同种群之间的遗传变异，是自然选择与遗传漂变造成的。不同的环境下会形成不同差异，但不同种群之间的迁移会缩小差异。前两种力量会很缓慢地起作用（特殊情况除外）。因此，与同一种群内部的个体相比，不同种群之间的遗传变异是很微小的。遗传变异会在很长的一段时间内积累，并在每一代中保持稳定。

文化是一种适应机制，这也可以从许多能够增强社会联系的现象中看出来。人们还经常讨论另外一种可能性，即人们之所以发展出了一套遗传学适应机制，是为了适应许多典型的文化现象。比如，更容易地融入各种繁杂的仪式。这个假设很难被严格地证明，但确是近似真实的：考虑到人们可能在特定条件下出现某种倾向，并在关键期或敏感期进一步发展。"仪式"（rituale）一词是指一种标准化、重复性的行为，为一个或多个社会群体所特有。这个词指的是一系列广泛的行为，包括入教仪式、所有宗教都有的标准、任何宗教的世俗的仪式或典礼，也包括细小的重复性动作（它们会变成全体成员强制性的动作）。艾米尔·迪尔凯姆[1]（Émile Durkheim）发现，仪式具有增强群体成员归属感的功能。

协作的趋势可能也有一些遗传学基础，但协作也可能在小群体内开展。采集狩猎部落的特点是缺乏个人主义，而这一点会增强协作。社会等级对于保护群体利益和尊重权威是有用的，但这也会减弱真正的利他主义或平等意识（我们还记得俾格米人之间纯粹的、真正的平等）。另外一个转变发生在人类扩张之前被忽视的一个时期。这一转变对于群体内部的协作可能也产生了影响，即男性从通过竞争获得女性（在其他所有哺乳动物中都存在激烈的竞争），转变成固定的男女搭配。

---

[1] 艾米尔·迪尔凯姆（Émile Durkheim），是法国犹太裔社会学家、人类学家，与卡尔·马克思及马克斯·韦伯并列为社会学的三大奠基人，《社会学年鉴》创刊人，法国首位社会学教授。

| 第十八章 |
文化的传播

　　文化传播多变的性质。垂直传播与水平传播。文化机制的多样性。不同机制之间有时会相互冲突。印记的重要性。垂直进化与水平进化速度的差异。时尚与从众。

实 际上，遗传极度保守，并始终保持着高度的变异性，无性
繁殖的情况除外。而文化传播则是多变的：它可能是保守
的，但也允许急速的变异，或者完全的统一；在文化的传播中，
存在各种程度的保守与各种速度的变化。然而，诸如语言、仪式
等机制的存在，能够让全社会成员之间保持密切的接触，并能使
个体行为保持相对的统一。文化差异在不同社会中容易积累，而
在单个社会内部则不易形成。文化的传播是通过许多不同机制实
现的，其中一些机制能够十分迅速地传播新事物。

文化传播主要有两套机制：垂直传播和水平传播。垂直传播
是指父母传给子女，其中分为几种不同的形式：仅来自父亲，仅
来自母亲，来自父母双方；仅传给儿子，仅传给女儿或儿女均传。
垂直传播对于收养的情况同样适用，并且有时可以扩展到关系紧
密的亲属，产生的影响也是类似的，虽然最后一种情况在理论层
面还没有体系化。水平传播则发生在非亲属、年龄差别各异的个
体间。为了简化数学模型，我和马克·费尔德曼于 1981 年在共同
编写的《文化的传播与演进》一书中，对水平传播做了进一步的
细分："紧密的"水平传播与"倾斜的"水平传播，用以区分发生
在同辈人之间和非同辈人之间的传播现象。在这里我们不进行数
学上的分析，因此不采用这种划分。

不同的传播机制可能共同作用在同一个体身上，表现为协同
作用或对抗作用，有时可能出现强烈的对抗，并得到相反的结果。
我们的子女在自己家里，或与朋友、伙伴在一起时，会学到不同
的东西，从老师那里又会学到其他的东西。因此，他们需要做出

选择，就像总会发生的那样。然而，他们做出的选择并不总是最好的。但是，他们在为未来社会里可能出现的变化做准备。

"垂直传播"和"水平传播"这两个术语已经应用在流行病学中，因为有一些传染病是垂直传播的，其他一些则是水平传播的。文化的垂直传播趋向于产生相似的结果。虽然与遗传的情况不完全一样，但垂直传播也是保守的。进化是缓慢的，因为平均需要30年的时间（大概一代人的时间），一个新生儿才能成为自己子女的老师。文化的垂直传播大部分发生在与遗传相同的主角之间，并且也会涉及其他的家庭成员（兄弟姐妹、叔婶等），因此很难将它与遗传区别开来。因为两种传播方式在父母与子女，或在亲属间，都表现出一定的相似性。遗传研究的一个常见方法是研究不同等级和不同类型亲属之间的相似度，这种方法对于研究文化的垂直传播同样适用。

依据性别，父母到子女的传递也存在不同形式。当父母的宗教信仰不同时，绝大多数情况下，是母亲的宗教信仰传递给了子女，包括宗教习惯（比如祷告习惯）。对于那些对遗传很感兴趣的人而言能够在所有性状中找到这种遗传方式，有点类似线粒体遗传（线粒体是一种很小的细胞器，能在细胞内自我复制，通过氧化碳水化合物产生能量）。线粒体遗传自母亲，因此对于遗传性状而言，也有可能通过母亲遗传。但假设宗教信仰是通过线粒体传播的，就只有玩笑的意味了。根据逻辑推理，线粒体也不太可能具有遗传宗教信仰的功能。事实上，线粒体是一种专门通过化学反应生产能量的细胞器，并且其中所含的 DNA 极少。另外，在许多哺乳动物中，母亲承担着明确的教育任务，这无疑是文化传播的例子（比如猫科动物教授子女如何狩猎）。此外，母亲通常会把她们的宗教信仰传给子女。因此，可以像定义"母语"一样定义"母宗教"。通常，母亲还会教导子女忠诚的品质、参与高度社会化的仪式等。穆罕默德也说，每个人的宗教，就是其父母的行为。

按照性别进行分工，在采集狩猎部落中十分常见。这很可能是一种古老的风俗，并被一直保存了下来。对于子女道德品质的教育，不同性别也经常展现出差异。如今在教导子女方面，父母的重要性已大大降低。然而，他们（亲生父母或承担父母功能的其他人）仍然扮演着重要的角色。因为在特定敏感期或关键期，文化传递的影响会增强。这些时期在其他物种中被研究得更透彻，最极端的情况被称为"印记"。康拉德·洛伦兹[1]（Konrad Lorenz）曾做过一个很著名的实验：他教会刚出生的野生小鹅跟随他，而不是它的母亲；他甚至让小鹅把一辆玩具小火车当成自己的母亲。这些实验证明，小鹅会在它们破壳后最初的24小时内，把看到的移动物体当作自己的母亲，这是它们识别同类的一种机制。

孩子从出生到3—4岁的这段时间，是进行语言教育非常重要的阶段。如果在此期间没有教授子女语言，那么他们将无法获得完整的语言能力，这一结论已被证实。在一些案例中，记录了一些孩子在上述年龄段，由于未能接受正常的来自成年人的教育，从而导致了语言能力的缺失。除此之外，还存在一个敏感期，这

---

[1] 康拉德·柴卡里阿斯·洛伦兹（Konrad Zacharias Lorenz），奥地利著名动物学家、鸟类学家、动物心理学家。

是一个相对有弹性的区间，即从幼年到青春期。在此期间，孩子更容易学会一门外语，尤其是发音（这是一个重要信息，尤其对于语言学家和教育者而言）。对于宗教而言，可能也存在敏感期，其中很重要的是与母亲一起度过的时间。当然，宗教信仰也可能发生转变，通常发生在后来的某个特殊时期，但这种情况并不常见。

水平传播与传染病的传播方式很像。健康的人由于与病人接触而被传染，并可能引发疫情。水平传播的速度可能极快。根据传播者和接收者的数量关系，可以将水平传播分成不同类型。"一对一"或"少数人对少数人"的传播，是传染病最常见也是最典型的传播方式，笑话和八卦也通过此种方式传播。传染病学家建立了不同的数学模型，从而能够涵盖许多特殊情况。"从一到多"的水平传播被称为"头领传播"或"教师传播"，是一种很常见的传播形式，其中传播者的社会地位十分重要。事实上，如果传播者是一个在某个领域（如政治、宗教、经济、社会、道德或艺术等）十分有影响力的人，他有可能也有机会把自己的思想传播给极多的受众。同时，该思想能在大批受众中以极快的速度传播。比如，媒体凭借自身的功能，掌控了把信息从"一传到多"的巨大权力。在媒体尚未出现之前，政治领袖或宗教领袖能够凭借先前社会组织中的等级秩序，对许多人施加影响。水平传播中没有年龄限制，也无须亲缘关系。一个拥有一大群"信徒"的传播者，就能够产生巨大影响。当然，除了传播者本身拥有巨大的权力或魅力之外，传播的信息也应当是有说服力的。此外，就像我们在政治宣传和广告中看到的那样，信息传递的方式也十分重要。那些拥有巨大魅力的人物，尤其是政治领袖，能够获得巨大的成功。而事实上，这种成功是没有理由的，甚至是有害的。他们对信徒表达爱，对非信徒表达恨，通过这种方式获得他们想要的东西。这种"从一到多"的水平传播只有在传播者拥有特殊的才能，或传递的信息极其令人向往时才会奏效。

驱动人们接受一条信息强有力的动力，可能仅仅是新鲜感。通常，无论信息的质量如何，这种新鲜感都能够产生吸引力。在这种情况下，接受者的态度和性格就起了很大作用。比如有些人生性保守，并不喜欢新鲜事物。"从一到多"的传播能够造成观点、品位的转变，会带来积极或消极的反应。这些反应可能是强烈的、迅速的、暴力的，有时候会表现出惊人的一致和狂热。但是，如果某些先天的或后天习得的行为，让人们不去接受该信息，传播就不会发生，或只在一些可能有接纳倾向的人之间传播。信息一旦被接受，"从一到多"的传播会变得极快、极广，最后几乎变成全体性的（对于经历过法西斯主义的人来说，一想就明白了）。尤其借助现代化的通信手段，这种传播能够在顷刻间完成。墨索里尼通过举行规模巨大的集会，让他的思想在狂热信徒中相互传播影响。传播可视为两个不同阶段的综合，即传递和接受。尤其当后者有很大的可能性实现时，这种做法是有益的。当然，传递和接受不一定同时发生，就像常常出现的那样，可能是分步骤发生的。比如，信息被人们接受之前，可能需要反复多次的传递。

逆向的水平传播，即"从多到一"（当不同的传播者本质上传达或支持同一个信息时）的传播也十分重要。但与"从一到多"的情况相比，会趋向于产生相反的效果，这种传播也被称为"议定传播"。这是由于从众而造成的传播机制，即这种机制使我们的行为与他人的保持一致。针对这种机制，我和马克·费尔德曼共同建立了一个数学模型（Cavalli Sforza e Feldman，1973），分析了当群体中某个个体发明新事物时，群体成员可能会做出的反应。通常，群体会表现出对创新的强烈抵抗，并拒绝接纳新事物，从而保证传统的稳定。传统可能是受民众喜爱的，有时也十分有效，但在很多情况下却十分陈旧。

我们也用"从多到一"来说明在传播过程中，群体抵制新事物的情况；也包括相反的一种情况，即新来的人对群体感到信任或友好，或喜欢群体成员的陪伴，而这个群体也接纳他，并毫无困难地接受他的习俗。这种情况下，无论是积极效应还是消极效应，真正的传播者并不是个人，而是一个同质的社会群体。对于一个不知情的人而言，如果他加入的群体一致地支持某种思想或行为，那么他就很容易被说服，也去认可这种思想或行为。这一模型对于理解从众的力量，以及认识新思想渗透到一个同质的群体中的难度很重要，对"测量"一个群体极其重要的凝聚力也十分重要。

传统家庭，尤其是大家庭，通常是一个拥有高度凝聚力的社会团体。其中，有一个首领，通常是家长，他的权威是由法律或风俗认可甚至保障的。通常黑手党成员的家庭凝聚力极强，这是因为家庭是整个黑手党系统中重要的组成部分。家庭的力量能让家人接受严重的犯罪，甚至从事高风险的活动。一个家族中的成员如果高度团结，在行动上也会高度统一，通常会与家族首领达成一致。在这种情况下，家族就会变成一个强大的团体。在这样的团体中，父母到子女的垂直传播就会显著加强。习惯上父母会授予年龄最大的子女管理年龄较小子女的权力，或者授予儿子代行家长职责的权力（在传统的中国家庭中，这个权力通常授予长子）。但一个家庭内部可能拥有极其复杂的组织结构。科学家依据子女的出生顺序，提出了一个模型，用以解释子女智商的平均分布，指出这取决于父母教授子女的质量和用心程度。根据模型，科学家得出以下结论：父母会将其大部分的精力花在第一个和第二个子女身上，因此，他们的智商会比弟弟妹妹高（其中老二的智商会比老大稍高，因为父母变得更有经验）；后出生的子女的平均智商会按照出生的先后顺序，呈现非常有规律的递减趋势。因为年龄越小的弟弟妹妹，接受来自父母的直接教育越少，而来自哥哥姐姐的教育越多。显然，哥哥姐姐不如父母的教育经验丰富。

　　家庭中的垂直传播在大家庭中会显著加强，并且会影响到子女的政治观点。埃尔韦·勒·布拉斯[1]（Hervé Le Bras）与埃马纽埃尔·托德[2]（Emmanuel Todd）依据不同的家庭传统，把法国分成了不同的区域（Todd e Le Bras，1981）。法国西北部的家庭是绝对父权制家庭，家庭传统很强。就像我们在爱尔兰和威尔士观察

---

[1]　埃尔韦·勒·布拉斯（Hervé Le Bras），生于 1943 年，法国人口学家、历史学家、数学家。

[2]　埃马纽埃尔·托德（Emmanuel Todd），生于 1951 年，法国历史学家、人类学家、人口学家和社会学家。

到的那样，这两个国家仍然说着凯尔特语。直到不久前，生活在英格兰的康沃尔郡和苏格兰的人们还说着凯尔特语。5—6世纪，法国布列塔尼大区迎来了许多来自英格兰西南部的凯尔特人移民。他们为了躲避盎格鲁－撒克逊人的入侵而迁移至此。布列塔尼语实际上就是一门凯尔特语。在法国西南部，我们也发现了大家族，这里是温和的父权制。子女结婚后仍与父母同住，老人能够得到更好的照顾，平均寿命也更长。此外，这里的自杀率也更低。在法国东北部则以核心家庭为主，想要成家的子女需要搬出去住，并且获得经济上的独立。这促使他们经常迁移到其他城市去寻找工作。这样一来就促进了工业的发展，工人很乐意迁移到新工业聚集的城市，因为能够获得就业机会。这些家庭传统和人口传统与德国和英国的情况类似。法国的东北部实际上在5—6世纪被法兰克人占据，法兰克人是日耳曼部落的一支，是他们建立了法国。法兰克王朝统一了法国，并在查理曼大帝时期，把影响力扩展到了欧洲的大部分地区。法语源自拉丁语，在恺撒征服高卢的时期，拉丁语取代了凯尔特方言。因此，法国的家庭结构有着深厚的历史传统，拥有至少1500年的历史。根据勒·布拉斯和托德的研究，家庭结构也影响到了政治。法国东北部的政治取向趋于保守，倾向于君主政体；而西南部是温和的社会主义派（他们选择了密特朗[1]）；东北部则是自由主义派。受到家庭结构的影响，政治取向是子女在家庭中学到的对社会关系认识的一个延伸：人们会无意

---

[1] 弗朗索瓦·密特朗（François Mitterrand），法国政治家，曾任法国第21任总统和法国社会党第一书记。

识地想要把在家庭染色体中学到的对权利关系的看法，投射到国家的大染色体中。意大利的情况也有相似之处。这个模型应当被进一步地深入研究，并且与不同国家的模型进行对比。

在欧洲之外，尤其在伊斯兰国家和意大利的一些农村（比如南部和岛屿上），社会关系几乎全都是大家族式的。他们生活在一个大房子里，只有一个大门和高高的围墙。甚至婚姻也受到影响：在全世界的大部分地区，当人们选择婚姻对象时，有接近50%的人会选择亲缘关系相对较紧密的人，比如表（堂）兄妹或叔侄。在对同宗婚姻的研究中，人们惊异地发现，在西西里岛，叔侄辈通婚的频率相当高。我曾问过一名来自西西里的同事为什么会出现这种情况，我认为他的解释很机智：他耸了耸肩对我说，"人们只相信家族内部的人"。对此我们留给社会学家来评论和批评。

文化中还有许多现象隐藏着我们大脑的运行机制，但我们对此的认识还不够深入，现代神经生理学会在将来给出更好的解释。时尚是一个很有趣的文化现象，虽然有时候也很扎眼。因为有些时尚十分"诡异"，如果我们不说它"愚蠢"的话。在时尚中，冲动扮演着极为重要的角色，包括那些在仪式中起作用的冲动，还有其他经济和心理上的因素也有重大影响。其中，想要和他人保持一致的愿望似乎是主要的动力。这是一种想要归属于某一群体的愿望，就像是一些人狂热地追随某些体育运动、节目或流行艺术家。商人正是利用这一点来获取巨大的经济利益，他们不断创新，维持大众对时尚高涨的热情。在服装领域中，不可避免地在一年中存在不同的周期，随着季节的更迭而改变，运动也是如此。

时尚则可以拥有更长的周期。以女士衬裙的长短为例，我们发现了一个近乎周期性的变化，即衬裙的长度在慢慢缩短，直至达到超短迷你裙的程度。女士衬裙和其他女性服装的变化，无疑还与其他一些因素有关，比如性感服装在 20 世纪的西方经历了重大的变化（类似的情况也在不同的时期和不同的国家出现过。比如，10 个世纪以前，印度南部曾有段时期兴起了源自宗教的强烈性爱享乐主义）。许多传染病拥有季节性的或更长的周期，比如麻疹；还有动物之间，比如生态学中寄生虫和宿主之间关系的周期性。这些周期也许能够为时尚领域的震荡现象提供一些解释。

科学领域也有时尚。我曾见证了一段考古学时尚，某种意义上我也是其中的受害者和主角。在针对欧洲农业扩张的研究刚刚兴起时，我与考古学家艾伯特·安默曼（Albert Ammerman）共同绘制了农业从中东传到欧洲的地图。我们借助对最主要的农作物——麦子的研究，测算出了麦子传播到欧洲的时间。麦子起初主要在中东种植，在欧洲并没有大量的分布。当时的农民经过水路，从土耳其到达巴尔干半岛，再从巴尔干半岛把麦子传到欧洲中部和北部。与此同时，另一批农民通过更快更高效的海岸路线，把麦子传播到了地中海地区。我们根据直线距离计算出了传播的平均速度，约为每年 1 千米。之后，我们提出了一个问题：这种扩散究竟是农民的扩散（即人口扩散）还是农业的扩散（也就是技术扩散，文化扩散）？

借助之前的一个数学模型，我们可以计算出，农业在欧洲扩散的速度约为每年 1 千米。这与那个时期的人口增长和人类迁移的速度相吻合。但人口的扩散并不意味着事情真的就是这样发展的。之后，我们利用了遗传学研究手段，为上述问题提供了更为可靠的答案。根据观察到的数据，我们最后得出的结论是：两种扩散同时存在。但很难就哪一种扩散更重要而下定论：根据男性谱系 DNA（Y 染色体）扩散的研究结果估计，两种扩散可能同样重要，其中人口扩散占 50%—60%；根据女性谱系 DNA（线粒体 DNA）扩散的研究，人口扩散影响占 20%；而对常染色体的扩散研究的结果则与上述两个数据的平均值相当，约为 33%。

最简单的解释是，性别上的差异是由于农民与采集狩猎部落的女性通婚造成的。一个有意思的发现是，考古学家在巴尔干半岛和德国之间发现"斑纹陶器"的地方，也发现了许多长方形的房子。房子里面有 2—3 个炉灶，这表明房子的主人可能娶了 2—3 个妻子，比采集狩猎部落的男性多 1—2 个（我们在第十四章提到过）。如今，人们可以研究远古尸体的 DNA 证实这项假设。最近，德国考古学家发表了两篇文章。他们在上述区域的一个遗址内，发现了一些采集狩猎者的遗体；在另一个遗址内，发现了一批以农民为主的遗体。如果能够进一步地研究这些遗骨与长方形房子的关系，或许可以得到很有意思的结论。在非洲靠近俾格米人部落的农民村落中，时常出现农民与俾格米人女性通婚的现象。因为在非洲丈夫需要花钱购买妻子，而俾格米人女性更便宜，并且以生育能力强著称（很有可能是由于性病传播率较低）。而班图女性与俾格米人男性通婚则被视为是不可接受的。这样的结合极少，并且只在受过良好文化教育的俾格米人男性身上发生过。

事实上，很有可能同样的结论，即有性别差异的人口扩散，也适用于另外一个出现在非洲的农业扩散。此次扩散起源于尼日利亚和喀麦隆国境线之间，延伸到非洲的东部和南部，同时还伴随着班图语的普及。这次扩散始于约3000年前，止于3个世纪前。那时，白人在开普敦建立起了荷兰殖民地，当地人开始与白人接触。通过研究上述地区在农民到达时的采集狩猎种群，比如北方的非洲俾格米人和南方的布须曼人，我们发现这些种群中一部分人至今仍以狩猎为生。这表明他们之中只有一小部分人转向了农业生产，也就是说，这是一次真正的人口扩散，并非文化扩散。因为采集狩猎部落对农业的接受程度不高。然而，伴随着农民与俾格米人或布须曼人女性的通婚，以及这些种群对农民文化的接纳，两类人出现了遗传学上的融合。

在研究的过程中我们发现，第二次世界大战前的英美考古学接受用遗传学迁移理论来解释许多文化差异；而在战后，类似于我们模型中提出的迁移解释理论被抛弃了，目的是能够与英美考古学家广泛达成一致。并且所有在普通生活用品中观察到的差异，都被解释为商业交流的结果。商业与单个（流行的）物品的转移紧密相连。目前，否认任何类型迁移活动的倾向已经大大减弱了，这种趋势被艾伯特·安默曼定义为"本土主义"，被比作一种新形式的种族主义（Ammerman e Biagi，2003）。人口扩散理论遭到一些考古学家和遗传学家的强烈反对。尤其一位考古学家（已经因为其过度冒失而出名）批评了安默曼和我在1984年提出的人口扩散理论，并且引用了我们文章中的一段来证实这个假设。他的引用是正确的，一字不差，但是忽视了引用段落的上下文。他抓住这一点，说我们的研究不充分，无法在两个假设之间做出选择。对此，我们实在很难判断，这位考古学家是没有阅读科学文献的能力，还是故意不怀好意。科学家的确是在寻找真理，但遗憾的是，科学家也会经常犯错误，有时犯的甚至是大错。但无论如何，如今大多数的科学家已经普遍接受了这个观点，即在农业扩散期间还伴随着人口的扩散。

现在我们简要地总结一下文化传播理论。宏观上，我们把传播划分为"垂直传播"（即从父母到子女的传播。在大家族中，通常情况下，也包括共同生活的近亲传播）和"水平传播"（非亲缘关系个体间的传播方式）。水平传播有三种类型："一对一"（或"少对少"），比如传染病和笑话是以这种方式传播的；"一对多"，例如具有强大影响力和超凡魅力的人物（这种情况下，通常很容易统计出信徒，或在一些情况下，也是受害者的人数）、老师、艺术家、发明家等传播信息的方式；最后一种类型是"多对一"，比如传统，甚至很古老的传统，文化适应或对陌生人的接纳等情况。

| 第十九章 |
稳定的文化遗产和快速的文化变异

对比能够保存数个世纪（有时甚至数千年）的文化遗产与快速的文化变动。如何解释两种现象的差异。一部分解释应当在"组织和文化制度"中寻找，它们中的一些形成了真正的"龛位"（nicchie）。[1] 这些制度被创造出来用于解决社会、政治、经济、生活等方方面面的问题。"龛位"本质上是自我复制的实体，它们获得了几乎独立的生命。

---

[1]　生态龛位，又称生态位（英语：ecological niche），植物种或动物种在稳定的生物群落（或生态系统）中所占据的地位。（中国农业百科全书）此处作者借用生态学中的"龛位"定义，用于表明占据一定空间的文化遗传。

"**龛**位"的样本广泛存在。这里"龛位"指的是房屋或用于日常居住的地方（即物理上看得见摸得着的东西），它们表现出继承性和惊人的持久性。比如，城市能在同一个地方长久地存在；一些罕见的情况下，同样的房屋能使用数千年。有一些习俗似乎十分古老。人们惊异地发现，同属印欧语系的印度人、日耳曼人、希腊人和罗马人所敬奉的神，虽然名字不同，但却十分相似。在地中海地区发现的一些"黑色圣母"，很有可能是某些古老仪式的产物。它们大部分是基督教诞生前出现的，有的甚至可能出现在新石器时代以前。有一些语言在几千年前分离，如今只在某些十分偏远的地区使用。这些语言之间还表现出一些相似之处，不少语言学家把这些相似点视为它们源自某个更古老的共同语言的证据。这些例子展现出了文化遗产的强大力量，它们就像遗传学中的基因一样。人们不禁要问，为什么一些文化现象能够如此顽强地保存下来，而有些文化现象的生命则如此短暂呢？学者们对此给出了不同的解释，因此有必要进行讨论。

1975 年，第一个理论——"社会生物学"[1]流行起来。这是爱德华·奥斯本·威尔森的一本书的标题，他是一位杰出的美国昆虫学家和生态学家。他受到蜜蜂和蚂蚁（"真社会性"昆虫）高度有序的社会组织的启发，提出了一个假设，认为人类的许多社会行为可能是由基因决定的，并且整个人类文化很大程度上也许是由基因

---

[1] "社会生物学"（意大利语·sociobiologia；英语：sociabiology），是 20 世纪 70 年代在美国诞生的一门新学科。这一学科试图用生物体的需要和冲动的观点解释人类行为，以及用生物进化的观点解释文化发展和社会进化。（社会科学大辞典）

控制的，就像蜜蜂和蚂蚁那样（Wilson，1979）。但"真社会性"昆虫的社会远比人类社会更高效、更有组织性，因为这些昆虫的行为已经从基因层面上被细致地决定了。而人类社会中存在一套复杂的个人与社会的学习系统，需要许多年的学习，并且这套系统通常会在父母和子女间，或老师和学生间，产生出显著的差异。在采集狩猎经济模式下，年轻人为了能够独立生存，需要获得最基本的少量知识，但他们仍然过着群体生活。在农牧经济时代，学习时间无疑变得更长，为了获得一门成熟的手艺所需的时间也在不断增长。人类复杂的社会交流体系意味着更为广泛、多样化的专业划分，这是任何昆虫都无法比拟的。其结果就是，我们每一个人都能够自主行动、自主决策。因此，可以使用一个不太精确，但在情感上更令人满意的词，即人类比任何昆虫都拥有更广泛的个人"自由"。

社会生物学理论在创始人的推动下，获得了许多拥趸。一些研读他们作品的人会产生这样一种印象，即一些人可能过于肤浅轻浮。还有一种印象是，在极右翼政治立场的驱使下，一些人的批判能力受到了限制。但社会生物学理论也遭到了许多人激烈的批评，包括我在内，我没有极端政治立场，既非左派，也非右派。在许多人的批评下，社会生物学改了名字，如今叫"进化心理学"，其理论得到了进一步的完善，但仍不具有足够的批判性，且忽视了文化传播的力量。此外，很难将文化传播与生物遗传区分开来。这对于无法进行遗传学实验的学者而言尤其困难。进化心理学还忽视了一点，即人类的大部分行为，是通过直接教育和所属社会（也包括其他社会）提供的范例习得的。

通过对人们驯养的少数动物的某些行为进行遗传学基础实验，或许能够获得有说服力的结果。但人与动物无法直接交流，这使对动物心理学分析的可靠性与深刻性受到了极大的限制。许多人坚持否认动物拥有和人类一样的情感和理性，这种想法很有可能是不公正的。对人类进行心理学分析的可能性当然更高，虽然也有理由质疑某些问卷的质量。然而，遗传学分析的可能性仍是十分有限的。一些结论，很多情况下是引述的结论，却能获得难以解释的流行度。比如，有人声称发现了"乐于助人基因""兴趣基因""犯罪基因"等，但这些都很难经得起推敲。

对最常被检测的心理学特征——智商的解释存在许多重大的错误，最好的实验室也会犯这些错误。幸运的是，一些相关负责人通过官方渠道承认了这些错误。主要的错误在于基因造成的全球智商差异上，即所谓的"智商的可遗传性"。开始人们认为这个值很高（为80%—90%）。但根据目前最可靠的分析，在造成个体智商差异的因素中，遗传学的影响只占到1/3；文化遗传（我们可以称为"可传递环境"，指普遍意义上的环境）的影响占到1/3；另外1/3则取决于个体不同的发展。人们对其他心理学特征的研究尚不深入，但分析得出的结果可能是类似的。令人沮丧的是，虽然最近在科学家们的共同努力之下，人们已经获得了许多有关基因组的知识，但想要开展进一步的深入研究仍然很困难，因为影响智商的基因数量实在太多了。

还有一些其他非遗传学因素，使文化遗产变得十分保守。首先，文化演进中垂直传播的速度，几乎与遗传进化一样慢。我们从家庭中学会的内容，就属于这种传播方式，并且能够扩展到许多其他领域：包括宗教、政治，道德品质、生活习惯和许多习俗等。当教育开始得早并且有效时，我们从家庭中学到的东西就会保存得格外持久（比如，我们会长久地记住妈妈或佣人做的饭的味道，如果这些食物是美味的，并且是用心准备的话）。但我们知道，也有许多家庭带来负面影响的例子，因此家庭传承并不总是有效。其次，当学习环境不佳时，人们学习的效果也不会好。我们除了从家庭学到东西以外，在生活的社会中也会学到一部分知识。通常情况下，从社会中习得的内容具有很强的潜在遗传性。随着时间的推移，社会也在不断变化，但是这些变化通常是缓慢的。当强烈快速的变化出现时，如经常出现的政治动荡，它们会激起强烈的情感，让人们感到爱或恨。

最后，文化中很重要的一部分，会通过基因和文化教育独立地传承下去。通常，这一部分是现实存在的实体，并且能够长时间地保存。这种现象在动物中也很常见，被称为"生态龛位遗产"（Odling-Smee, Laland e Feldman, 2003）。"龛位"一词似乎仅限于物理环境。在人类社会中，"龛位"是指房子、学校以及人们开展主要活动的地方；再进一步扩展，可以包括整座城市。在意大利，我们与出生地，即所谓的"乡土"，联系很紧密。许多人想要回到故乡，甚至不惜为此付出高昂的代价。例如，大学教师在选择学校时，都会选择在离家最近的地方任教。尤其目前，大学职位增加了很多，这种现象就更为明显。人们渴望的，除了故乡之外，还有那些大城市，比如罗马、米兰、那不勒斯。在其他国家，尤其在英国和美国，人们出于工作原因移民或搬到另外一个城市的积极性更高。此外，美国大部分的城市，除少数特例，均十分相似，都是按照统一的模板在近期建造的。罗马帝国的官员很有可能经常出差，他们会被派到帝国统治的各个地方。美国的情况也很类似，人们更容易融入新环境。因为相比在意大利，在美国更容易交朋友，虽然通常情况下并非深交。因此，美国人对故土的感情不是很深，少数城市除外，比如纽约、波士顿和加利福尼亚州的一些大城市。

环境很重要的一部分（这部分属于"社会龛位"和"环境龛位"，也可以说属于"社会环境"）是由文化性质的有机体组成的。这些有机体有出生日期，通常情况下，也有固定存在的地点。如果有用，它们的数量会增加。它们拥有独立的生命周期，能够持续几个世纪，并且相互之间会出现竞争，就像真正的生命体那样。这些有机体被称为团体、机构、协会或基金会，它们有着不同的组织构架和性质。一些人热衷于把"机构"与"团体"区别开来，但是实际上两者从定义上看，并无明确的差别。因此，在这里我们不做区分，下面是一些例子：

——政府：用于维持公民生活；

——工业：用于生产所有的物品和工具，供人们使用；

——行会和工会：用于保障工作；

——银行和小额抵押非营利金融机构：用于满足金融方面需求；

——法律、法院和警察：用于维持社会秩序；

——各类学校：用于教育；

——军队：用于防卫他国入侵（或进攻他国）；

——俱乐部、健身房、体育馆、协会和体育比赛：用于开展体育活动；

——电影院、剧院和舞厅：用于娱乐；

——咖啡厅和酒吧：用于会面和社交；

——不同性质的协会：用于相互帮助以及帮助穷人；

——不同性质的农产品公司：用于生产食品；

——宗教：用于宽慰心灵。

直到不久前，西方世界的食物还几乎完全由自己生产。甚至在美国，直到 19 世纪初，90% 的人口都是自给自足。随着时间的推移，食物生产的方式发生了深刻的变化，如今这已经成为一项专门的工业活动。生产效率的提高，使从事该领域的工人数量减少。这样一来，许多人就能去从事其他活动。然而，尤其像意大利和法国这样的国家，食物的质量是通过历史悠久的传统保障的。这些传统有着重要的社会意义（这是保持文化延续的另一个因素）。因此，食品的工业化生产有降低食品质量的风险。团体和机构的持续性，让人们可以把它们视为一种文化 DNA。在这些团体和机构内部，有我们拥有真正 DNA 的同类。他们为了共同的利益，保护着为他们提供生计的团体。

我们的结论是，文化传播能够决定极快的变化，但任何类型的文化活动都能拥有强大的稳定性。因此，文化演进的速度可能很快，可能很慢，也可能适中，以各种速率变化着，这取决于我们需要考虑的各种因素。文化影响的持续性很容易与遗传混淆。

从这个普遍的错误出发，人们很容易滑向种族主义的错误结论。种族主义者坚信，在各个民族之间观察到的差异是由基因决定的，因此是不可改变的。列维－施特劳斯[1]（Levi-Strauss）就曾批判这种观点。我们注意到，从意大利南方迁移到北方的移民，很容易被辨认出来。如果他们是新近移民，从口音上就很容易分辨；但如果他们的子女出生在北方，那通常就无法区分了。一般很难把在美国的意大利移民与当地其他美国人区分开来，除了一些地中海地区的外貌特点。因为大部分移民来自意大利的南部，也就是意大利最贫穷的地方。19世纪—20世纪，是意大利向美国移民的高峰期。这段时间已足以让意大利裔美国人的平均收入达到当地美国人的水平。虽然在意大利移民初到美国时，这个差距很大，并且他们一开始的生存环境相比之下也更为不利。

实际上，基因通过自我复制，随时间变化很小；与基因类似的，许多环境因素有很强的自我复制能力，拥有自己的生命，通常出于社会秩序的需要而出现，随时间变化也很小。这些因素保障了文化的持久性。因此，不必惊讶于历史学家、政治家和经济学家不得不去寻找某一时期内许多文化现象的源头。这个源头可能很遥远，并且不为人所知。他们必须时刻准备着，去寻找差异巨大的遗传因素和进化因素之间相互的复杂影响。因此，了解文化的历史并具备多学科的视角就变得十分必要。

---

[1] 克劳德·列维－施特劳斯（Claude Lévi-Strauss），著名的法国人类学家，他所建构的结构主义与神话学不但深深影响人类学，对社会学、哲学和语言学等学科都有深远影响。

|第二十章|
自然选择控制文化变动

　　文化变动是由我们的选择和决策决定的，不可避免地会带来人口上的变化，进而引起自然选择发挥作用。因此，在文化选择之后，自然选择对于我们的选择起到自动的调控作用。

认为自然选择对文化演进没有影响的想法是不正确的。我们再次提醒，自然选择的依据是人口力量，即生存（至少存活到可生育的年龄）及繁衍后代的表现。实际上，无论是达尔文，还是同时代的阿尔弗雷德·拉塞尔·华莱士[1]（Alfred Russel Wallace）（他和达尔文在同时期都写过有关自然选择的文章），都在马尔萨斯[2]（Malthus）的理论基础上，肯定了自然选择的重要性。根据马尔萨斯的理论，资源倾向于线性增长，而繁衍则会带来人口指数型的增长。如果一个地区的人口在每一代中翻倍，就像如今一些发展中国家出现的情况那样，并且保持这样的繁衍速度，那么该区域内的人口数量很快就会超过当地可支配资源能够负荷的水平。如果文化上的决策影响繁衍速率，或对死亡率产生过于消极或积极的影响，便会引发严重的危险和困难。毒品的使用就是一个具有代表性的例子。如果剂量过大，或质量低劣，就会造成很高的死亡率。但是很难抵御朋友的邀请，不沾染上恶习，产生对毒品依赖。

有许多严重的疾病与危险的习俗有关，但是这些习俗与毒品影响控制快感的神经中枢而带来的愉悦和刺激并没有任何关系。有一种疾病的症状与使用毒品后产生的症状类似，那就是疯牛病

---

[1] 阿尔弗雷德·拉塞尔·华莱士（Alfred Russel Wallace），英国博物学者、探险家、地理学家、人类学家和生物学家，以"天择"独立构想演化论而闻名。他以此为主题的论文在1858年与查尔斯·达尔文的一些著作共同出版，这促使达尔文在《物种起源》中发表自己的想法。
[2] 托马斯·罗伯特·马尔萨斯牧师（The Reverend Thomas Robert Malthus），英国人口学家和政治经济学家。

（"库鲁病"[1]）。这种病在新几内亚一个部落中被发现。1967 年，我有机会拜访了一名身患疯牛病的女病人。她会不受控制地大笑。一开始，人们以为这是一种遗传病，因为疯牛病会在家庭成员内部传播。美国病毒学家卡尔顿·盖杜谢克[2]（Carleton Gajdusek）从死于疯牛病的患者大脑中提取了一种物质，并把它注射到黑猩猩体内。实验表明，疯牛病是一种传染病。疯牛病之所以会在家庭成员内部传播，是因为当地部落有食用死去亲属尸体（包括脑子）的习俗。这种病毒能耐受处理尸体时的相对高温。因此，导致疾病的并不是 DNA，而是一种出现在大脑中能够自我复制的蛋白质。这是一个惊人的发现。尽管部落成员被告知了患病的原因，但这种疾病并没有马上消失。因为食用亲属尸体的习俗，被认为是对死者应尽的义务，所以习俗又继续延续了一段时间。这个例子有力地证明传统和习俗的力量。经过一段时间之后，当地部落的成员终于被说服，放弃了该习俗，疾病也就随之消失了。

　　"羊瘙痒症"[3]是一种与"库鲁病"很像的疾病，在羊群中很常见。这种疾病会引起大脑退化，与库鲁病造成的症状相似。由于把死于"羊瘙痒症"的羊作为饲料喂牛，这种疾病因此传染到了

---

[1]　库鲁病（Kuru）亦称"恐惧性震颤"或"震颤病"，是在新几内亚高原人群发现的一种进行性致死性中枢神经系统疾病。（中国医学百科全书）

[2]　丹尼尔·卡尔顿·盖杜谢克（Daniel Carleton Gajdusek），美国科学家，由于在库鲁病上的贡献，他与巴鲁克·塞缪尔·布隆伯格一起获得了 1976 年的诺贝尔生理学或医学奖。

[3]　羊瘙痒症（Scrapie），山羊和绵羊神经系统的一种可传染的衰退性疾病。该病潜伏期长（数年或数月）。患病动物发生严重的疥疮，并伴随消瘦、虚弱，直至死亡。该病被认为是感染性颗粒如朊病毒引起。（英汉生物化学与分子医学词典）

牛身上。人类感染这种疾病的情况十分罕见，已知的疾病名字是"库兹菲德－雅各氏症"，[1] 可能是由于食用感染疾病的羊脑而造成的。在新几内亚还有过一些危险的习俗，目前在印度尼西亚控制的岛屿西岸可能仍然存在。我到访新几内亚时发现，当地流行着斩首敌人的习俗。之后通过一些方式把人头缩小，保存下来作为战利品。在阿法尔地区，[2] 当地人之间存在一种习俗，即把被杀死敌人的睾丸作为新婚礼物送给新娘，作为男子气概的象征（就我个人而言，在极少的与这个民族成员接触的机会中，我认为他们是非常亲切而热情的）。在动物之间，为了争夺雌性配偶，雄性动物之间会展开决斗。决斗的结果可能以一方的死亡而告终。但通常情况下，在一方遭受严重伤害前，决斗就会结束。还是在新几内亚，年轻人为了展示他们的勇气，会把弹簧绳一端绑在自己身上，另一端绑在树干上，然后纵身从树干跃下，树干的高度确保参与者不会接触地面。这种尝试演变成了一种运动（蹦极），但跃下的地方变成了大桥，即使绳子断裂也只会掉入水中。这种通过危险比赛获取异性的行为在择偶中很常见，且几乎在所有的物种中都存在。

这些十分奇异的例子，可能还不如一个有关意大利的例子有说服力。每年意大利由于车祸丧生的人多达上万。很多时候，车祸发生的原因是由于不谨慎。学习并遵守交通规则，能够有助于

---

[1] 库兹菲德－雅各氏症，简称库雅氏症（意大利语：malattia di Creutzfeldt-Jacobs）是一种发生在人类身上的传染性海绵状脑病。
[2] 位于东非埃塞俄比亚。

减少事故。自从交通法引入新的规定后，意大利交管部门加强了监管与处罚力度，比如吊销驾照。在短短几周内，交通状况大有改观，几乎各地的交通在法律框架内都变得更为有序和规范起来，事故发生的频率也大幅下降。此外，对高速行驶规则的严控，使得超速的现象显著减少。尽管寻找车位仍然是一件令人头疼的事，尤其在大城市中，这种情况没有得到改善，似乎反而恶化了。我们不知道未来给我们留下什么，但我还是希望法律能够被遵守，并且不断被完善。

违规的行为并不总是错的。当我去英国的时候，注意到在过马路的时候，我经常置身于危险之中。因为我忘了在英国的行驶方向与世界其他地方是相反的。在遥远的 1949 年，我带着妻儿和保姆举家搬到英国，我们是开车去的。从海滨城市布洛涅[1]（Boulogne）到福克斯通[2]（Folkestone）的轮渡是在夜间。第二天一早，我们从船上下来，上了汽车。那天雾很大，我晚上没睡好，路上车很少。但突然从大雾中，一辆大卡车向我迎面冲来，因为我当时在靠右驾驶！幸亏我及时变道，才避免了一场灾难。必须要严格地遵守文化的规则，否则自然选择便会起作用，纠正你的错误（文化上的或遗传学上的）。有时纠正的方式可能是残酷的。

最后，文化演进总是在自然选择的控制之下。后者纠正错误，这种纠错机制会提供一种保障，以对抗在生物或文化演进中犯下特别严重错误的可能性。然而，这也可能伤害到许多无辜的人。

---

[1] 法国港口。
[2] 英格兰东南部肯特郡港口。

| 第二十一章 |
遗传与文化的相互影响

　　人类拥有一套遗传机制，使人们具备学习、交流和文化演进的能力。但是每个个体的机制是不同的。因此，遗传可能也在文化演进过程中发挥作用。本章将会列举一些遗传进化与文化演进相互影响的例子。

些遗传学特点上的差异可能会影响文化演进的速度。举例来说，如果由于遗传学上的原因，一个种群中的发明者数量比其他种群的多（换句话说，假如创新基因在该种群中出现的频率更高），这样一来，该种群的创新能力就更强，因此文化演进的速度就会更快。美国的发明数量很有可能比其他地方的高，因此专利的数量也就相应更高。但是美国的发明者数量更高的原因是遗传学上的吗？对于这类情况，很难去评估遗传学上的差异。但看起来，真相不太可能是这样的。然而，美国有一位特别的发明家——本杰明·富兰克林[1]（Benjamin Franklin），他的发明促成了其他类似新发明的产生：他提议了一项法律，通过授予专利的方式保护发明者的利益，并且这项法律被通过了。无论有多少人是依靠特别的创新基因而获取了发明能力，他们都还得有相应的机会去实现他们的发明，确保有出资人对他们的发明感兴趣，进而投资他们。意大利人亚历山德罗·伏打[2]（Alessandro Volta）发明了电池，但他并没有从中获得经济利益；古列尔莫·马可尼[3]（Guglielmo Marconi）不得不前往国外为他的收音机寻找投资；贝尔[4]（Bell）和

---

[1] 本杰明·富兰克林（Benjamin Franklin），美国政治家、科学家、作家。独立战争时期积极参加反英斗争，1775 年当选为第二届大陆会议代表，并参与起草《独立宣言》。
[2] 亚历山德罗·伏打（Alessandro Volta），意大利物理学家。他最伟大的发明，伏打电池，是第一个实用的电池，导致了电学上的一系列发现。
[3] 古列尔莫·马可尼（Guglielmo Marconi），意大利物理学家、电气工程师，无线电通信的发明者。
[4] 亚历山大·格拉汉姆·贝尔（Alexander Graham Bell），美国发明家、企业家、电话的发明者。

穆齐 [1]（Meucci）分别独立发明了电话，但是只有贝尔得以把电话推向市场。我们之前提到，1600 年之后佛罗伦萨就不再诞生天才了，也是因为同样的原因。作为一名遗传学家，我坚信世界各地的发明者数量很有可能是接近的，但是只有很少的国家能够把发明变成现实。我们也知道，个体对于新鲜事的接纳程度是多样的。

对于这种多样性，有遗传学上的因素在起作用吗？如果有，与自然环境或文化环境相比，遗传学因素对这种整体上的差异性又有多大贡献呢？通过对比美国与欧洲对新鲜事物接纳的情况，我们发现，美国对新鲜事物的平均反应速度比欧洲更快，很少有例外（据我观察，在科技领域只有一个例外，就是手机）。出现在美国的新事物，在 6 个月到 20 年之后才会到达欧洲。美洲（America）是由美国与加拿大组成的，这两个国家的居民本质上是来自欧洲不同国家的居民混合的结果，其中尤其以欧洲北部的居多。事实上，尤其在美国，当人们用"America"这个词的时候，指的是美国和加拿大这两个国家（当人们想要指整个美洲大陆的时候，他们会用"Americhe"）。此外，最早到达北美的是英国人。但从很多方面来看，英国人都是世界上最保守的民族（但在欧洲，英国人发明了现代民主制度、工业革命，而这些要归功于他们从伽利略那儿学到的知识，即现代科学）。当然到达美国的移民也有可能并不是随机的样本，而是一群"经过筛选的"人。筛选的标准基于对"旧体制"的不满、对当时政府压迫的反抗以及对摆

---

[1] 安东尼奥·穆齐（Antonio Meucci），意大利发明家，被视为电话的最早发明者。

脱贫穷的渴望。所有这一切，也许能够解释为什么这些人对新鲜事物的接纳程度更高，对初始阶段的风险和困难忍受力更强，因为他们想要获得更好的生活。但是，这些积极的才能可能会被潜在的负面因素抵消，比如精神不稳定，甚至是潜在的发疯的倾向，或对新鲜事物过度地追求，倾向于做出歇斯底里的反应等。

在意大利也有类似的例子，虽然没有那么极端。最近的100—150年，许多移民从南方来到北方。毫无疑问，在此过程中，移民的文化水平得到了巨大提高。移民在北方生活的世代数目，或者说在现居地生活的年限，以及移民时的生存环境，都会对移民文化水平的提高产生十分重大的影响。许多生活在北方的南方人，从外表上还能看出他们地中海外貌的特点。如果他们是在青年时期之后迁移过来的，从口音上也能辨别。尽管在经过一代人之后，口音的问题通常会消失。这种情况下，在移民之中当然也可能存在一种自发的选择，即选择移民的人通常是适应性更强，或更具开创精神的人。但这一点也很难被验证。通常，很难判断这种思维方式上的差别是否是遗传学上的原因造成的。或许针对移民更细致的研究，能够为我们提供一些解释。因此，开展针对移居海外的意大利人及他们后代的研究，是一个很有趣的研究领域。

此外，还有一些例子表明遗传与文化之间存在明显的相互影响。有两个很有意思的例子（但差别很大），讲的是由于文化的改变"引起了"遗传学上的改变。这里我加了双引号，因为它并不是真正的原因。大自然需要等待一个有益的突变，但突变是随机出现的，并且需要特定的时间。而时间取决于突变的罕见程度，以及能够利用这种突变的"病人"数目。实际上，自然选择能够促进突变的扩散。但条件是"病人"的基数必须很大，并且在该"病人"身上出现的突变，与其他"病人"相比，甚至与正常人相比，能够带来选择性优势。我们在这本书的不同章节（第四、第七、第十二、第十四章）都谈到过由于突变造成的成年人饮用鲜奶乳糖耐受的例子。这里我只是想强调一下，在这个例子中，遗传学与文化相继发挥了作用。人类向农业文明的过渡，造成了饮食习惯上的重大变化，这也带来了遗传学上的变化。其中一个尤其明显的问题，就是成人对乳糖的不耐。第一个遗传学现象，在断奶后停止分泌乳糖酶，是一个古老的自然经济的例子，即停止做那些不再有用的事。事实上，所有的哺乳动物都能分泌乳糖酶，从而能够分解贮存在血液内的乳糖，但乳糖酶只有在哺乳期才会分泌。在哺乳动物诞生之初，出现了一个突变：它出现在几千万年之前，造成了哺乳动物在断奶后，乳糖酶分泌的终止。这不是唯一的自然经济的例子。一个悲惨的例子是，生活在土壤下的动物失去了眼睛，比如鼹鼠。如果真有一个突变会造成失明，那对于生活在正常环境下的人而言是一件十分可怕的事。但对于生活在土壤下的动物而言，拥有眼睛反而相当危险：因为在与土壤的持续接触中，眼睛会感染。一个在特定的环境中必要的器官，在另一个环境中可能是无用的，甚至是危险的。由于突变，鼹鼠虽失去了眼睛，却获得了优势，这就是一个经典的例子。

　　产生富含乳糖的乳汁对于所有哺乳动物而言都至关重要，只有这样子女才能从母亲的乳汁中获取养分。很多年前，一个突变造成在哺乳期结束后，人体停止分泌乳糖酶。这个现象几乎能在所有的哺乳动物中观察到，因为这个突变已经有了上千万年的历史。人类对一些哺乳动物（山羊、绵羊、牛）的养殖，是最近文化演进带来的结果，可以追溯到 1.2 万—9000 年前的中东地区。随之而来的一种文化创新是，人们为了食用家畜的肉，开始了对它们的驯养。从这个思路进一步发展出另一个想法，即让家畜在过了哺乳期后，在整个成年期都能产奶。这里说的动物不是一只兔子或一只豚鼠，而是山羊、绵羊或奶牛。为什么不呢？此外，这些家畜的奶很鲜美。当然，人们需要学会找到一种方式，既能从这些家畜身上获取鲜奶，又不用跟它们的幼崽产生危险的竞争。此外，尤其在寒冷的国家，饮用鲜奶是一种获取热量的有效方式。但在这里，古老的自然经济又开始发挥作用了：人类在断奶之后不再分泌乳糖酶。因此，成人在饮用大量牛奶后，会表现出乳糖不耐的症状，但每个人的症状和严重程度会有所不同。尽管会有这些不适的症状，但是饮用鲜奶的好处太大了。此外，人们经过了很长时间才明白，这些不适是由鲜奶造成的。比如，医生大约在 40 年前才弄清楚这个问题。我有一位美国朋友，是一位心理学家。他在自己身上发现了这个问题，并向医生寻求帮助。这位医生一开始还不相信，直到他读了一些科学杂志的相关研究后，才相信的确有乳糖不耐症。正是这位医生为我的妻子检测了乳糖不耐症。那时候市场上还没有乳糖酶药丸，为了进行诊断，医生让病人服用乳糖，再观察血液中葡萄糖的相应变化，通过这种方法检测乳糖不耐。经过在不同情况下的血检发现，在有乳糖酶的情况下，乳糖产生的葡萄糖很快就会出现在血液中。但是，对于不耐受的病人而言，服用乳糖会造成恶心以及其他症状。如今采用DNA 检测，只需几滴口水便能完成测试。

不管怎样，成人乳糖不耐的问题被自然解决了。因为又出现了一个突变，让成人在断奶后仍能够分泌乳糖酶。正如所有的突变一样，这类突变十分罕见。在约 6000 年前的乌拉尔山地区，一个以猎鹿为生的狩猎者身上出现了这一突变，从而阻断了断奶后人体不再分泌乳糖酶的这个古老机制。带有这一突变的人能够终生分泌乳糖酶，因此他们饮用鲜奶并不会感到不适。与乳糖不耐的人群相比，他们能更好地获取热量（和能量）。这是一种显著的选择性优势，尤其在寒冷的地区。事实上，我们在第四章中也提到，几乎 95% 的北欧人都变成了乳糖耐受者。随着纬度的下降，越往欧洲的南部，这个比例就越低（在撒丁岛和意大利南部这个比例只有 20%—25%）。我们已知的此类突变，也出现在世界其他地方，那些地方成人均有饮用鲜奶的习惯。这些突变在染色体上位置靠近之前的、最古老的那个突变。

农牧经济时代带来了许多其他的变化。因此，我们应当把农牧经济时代下的生活模式，视作其他遗传多样性出现的原因。在第十四章中，我们谈到了白色皮肤的问题，这是避免佝偻病的一种手段。因为在人类最主要的食物来源小麦中，不含有维生素 D，但却有另外一种化合物，它需要通过紫外线照射才能转化。因此，白色皮肤就具有很大的优势。但相应地，白色皮肤的人需要避免暴露在特别强烈的阳光之下。我对儿时为数不多的记忆之一，是第一次去海边游玩的经历。由于一整天都在大太阳下玩耍，到了晚上我浑身疼痛难忍。因为太阳灼伤了我的皮肤，我的父亲不得不夜里出门为我寻找药膏。更严重的问题来自遗传性疾病，比如某些类型的贫血症。但通常情况下，优势与劣势的天平，会指向优势的一边。

疟疾无疑是一种古老的疾病。人体中至少存在 4 种不同的疟疾寄生虫，其中最危险的是"恶性疟原虫"[1]（Plasmodium falciparum）（拉丁语词根中的"falce"，意为"镰刀"，无疑是死亡的象征。因为这种类型的疟疾患者通常很难幸存）。传播这种寄生的蚊子幼虫只需很少的水便能生长，比如一个几天就会干涸的小水坑。这种水坑在热带地区的大雨后很容易形成。在热带雨林中开辟农田，很容易形成许多水坑，从而造成高死亡率疟疾的形成。最早的抗疟药——奎宁，是在哥伦布之后才到达旧世界的，但美洲印第安人在此之前就发现了奎宁。虽然新的抗疟药很有效，但疟原虫能够对药物产生耐药性。而大自然发展出了一些防御机制，即借助突变，增加对疟原虫的抵抗性。这些突变中的一部分，能够改变血液中疟原虫生长的红血球，使红血球在疟原虫繁殖之前破裂。这些突变中有一个叫 Fy（也叫 Duffy），能够抵御"间日疟原虫"[2]（Plasmodium vivax）。这种抵抗性的等位基因在非洲十分普遍。突变能够带来抵抗性，与不带有这类突变的人相比，突变携带者的死亡率稍低。因此，这些携带突变的人数，能够在疟疾

---

[1] 寄生于人体的 4 种疟原虫之一，造成恶性疟疾的病原体。
[2] 为间日疟病原体，是最常见的一种疟原虫。

肆虐的种群内增加；在最理想的情况下，使整个种群都发展出抵抗性。但事情并不总是朝着这个方向发展。一些基因能够给携带者带来对疟疾的抵抗性，条件是这些基因是从父母中的一方遗传来的，即只来自父亲或只来自母亲；如果基因是从父母双方的共同遗传而得来的，孩子不会死于疟疾，却会死于贫血症（这些突变携带者，只有当基因是由父母双方共同传给子女时，才会表现出来，孟德尔把这种遗传方式定义为"隐性遗传"[1]）。这些基因中，有一个会导致镰刀型贫血症。鲍林和伊塔诺通过电泳实验，发现了正常血红蛋白和镰刀型贫血症患者的血红蛋白的差异，并创立了分子生物学。当然，人们可以认为这里的"镰刀"也是死亡的象征，这在一定意义上是正确的。但事实上，"falciforme"（镰刀型的）这个词中的"falci"与"Plasmodium falciparum"（"恶性疟原虫"）中的含义不同。这个基因，即"镰刀型红血球疾病"基因，会破坏血液中的红血球。红血球通常是圆形的，但遭到破坏后，就变成了镰刀型。这与突变携带者的致病基因是从父母其中一人，还是父母双方遗传而来的没有关系。变形是由于红血球内部的血红蛋白晶体化造成的，当氧气水平低时就会造成这种情况。如果某个人从父母双方遗传了致病基因，就会罹患更加严重的疾病。

我们用 S 来表示镰刀型红血球致病等位基因，用 A 来表示正常等位基因。我们看到，S 与 A 只有一个碱基不同，要记住这一

---

[1] 由隐性基因所控制的性状或疾病的传递方法。

点。每一个个体从父亲与母亲那里分别接受一个基因，因此一共有三种基因组合：AA（正常个体，从父母那里都遗传了正常基因）；SS（从父母那儿都遗传了致病基因）；AS（从父母那里分别遗传了一个正常基因和一个致病基因）。携带 AS 基因的个体不会患上严重的疟疾，因为这个基因会使进入到红血球内的疟原虫很快死亡，因此疟原虫无法复制。携带 AA 基因型的个体，对疟原虫的抵抗性很差，有相当一部分比例的人会在到达繁衍年龄前死去。这个比例越高，疾病就越严重。而所有携带 SS 基因型的个体都会患上严重的贫血症，并且无法繁衍后代，或只有极少数能够繁衍后代。因此，如果在一个疟疾肆虐的种群内出现一个 S 突变，那么携带 AS 基因型的个体不会有问题，并且在数量上会超过 AA 基因型携带者；但如果两个 AS 基因型个体结合，后代有 1/4 的概率是 SS，这种基因型携带者会死去。因此，S 基因不可能增加到 100%，就像 Duffy 基因或乳糖耐受基因那样。该基因型所能达到的水平，取决于疟疾的严重程度，以及 AA 基因型携带者死去的数目。AA 基因型携带者是最常见的。但将该基因型携带者出生时的数量，与达到繁衍年龄的数量对比，可以看出 10% 的 AA 基因型携带者死去，因此数量减少了 10%。AS 基因型携带者数量在 20% 左右，而 SS 基因型携带者为 1%，并且全部死亡。最后，种群就建立在这些数据之上（在一些更先进的遗传学实验中，这些计算很简单，并且容易找到。但为了更加精确，需要用到小数）。

　　我们还记得 AS 基因型被称为"杂合子"。它们的抵抗性就是被达尔文称为"杂种优势"的一个例子。也就是说，杂合子通常会比另外两种纯合子 AA 和 SS 基因型展现出选择性的优势。如果疟疾很严重，导致 10% 以上的 AA 基因型携带者死亡，那么 AS 基因型的比例就会上升 10%。但是这个种群不可能只由 AS 基因型组成。选择的过程是相当快的：从一个突变携带者开始，在 1000—2000 年间，就能够达到平衡值。如果疟疾更加严重，AA 基因型更少，AS 基因型会更多，死于贫血症的人也就更多。这个频率在较低的水平，因为当没有被正常等位基因隐藏的时候，S 基因的危害太大了。在非洲许多疟疾肆虐最严重的地方，镰刀型贫血症出现的频率是接近的。

欧洲南部有一种十分相似的疾病——地中海贫血症。这种血液病如果只遗传自父母一方，也能够保证对疟疾的抵抗性，与镰刀型贫血症具有相同的频率。在 20 世纪的欧洲，疟疾得以消失要归功于杀虫剂的使用。由于遗传进化的速度很慢，地中海贫血症在之前疟疾肆虐的地区仍很常见。由于不再需要地中海贫血症抵御疟疾，它在自然选择作用下就会消失，但消失的速度很慢。幸运的是，这种疾病可以预防，就像预防镰刀型贫血症一样，方法是进行产前检查。现在只有两种比疟疾更为严重的传染性疾病，分别是近期才出现的艾滋病和伴随现代人很久的肺结核。但在这里，疾病也能通过产生抵抗性的突变进行预防。

我们不能以"杂种优势"结束这一章，却没有注意到，它正是我们证明种族主义愚蠢的最好论据之一。可能只有当所有人都坚信种族主义的荒谬时，我们才会发现自己更加聪明和善良。如今，"杂种"仍在面临巨大的接纳问题，群体中的"其他人"还是很难被接受。在美国这样一个种族主义盛行的国家，巴拉克·奥巴马（Barack Obama）能够当选总统似乎是一个奇迹。当然，美国大部分的聪明人都懂得去摒弃陈旧、可笑但又极为普遍的偏见。所有人的心愿是，在全球面临各种各样困难的关键时刻，人们不要被种族主义者利用，破坏已经取得的成就。

我发现了另外一个很有意思的例子，在这个例子中，由于文化的创新，让人能够比自然做得更好。在所有哺乳动物中，人类是唯一在女性生命结束很早前就停止生育的动物，在45—50岁左右。这是由于绝经造成的，即女性停止产生卵细胞，因此不再具有生育能力。人们不禁要问其中的原因。可以肯定的是，这是遗传学上的原因，因为这种现象是完全自发和普遍存在的。在人生过半时停止生育应当具有一些进化上的优势，但这个优势是什么呢？这个现象似乎与自然选择的准则相矛盾，并且人类是唯一出现此类现象的哺乳动物。

人类学家巴里·休利特[1]（Barry Hewlett）发现，在非洲俾格米人中，存在一种道德约束，使绝经发生得更加严格，即提前了绝经的时间。这种行为出于一种（极好的）考虑，很有可能可以解释绝经存在的原因。即存在这样一种规则，当一位女性的第一个女儿第一次生产时，这位女性便停止受孕。原因显而易见，母亲需要运用她的经验，帮助女儿去抚养孩子，因此母亲不能与女儿产生竞争。生理上的绝经很有可能就是因为这个原因，即出于

---

[1] 巴里·休利特（Barry Hewlett），美国人类学家，曾在中非对俾格米人开展过细致的研究。

对女儿道德上的义务。

19 世纪，无疑是由于无知，西方世界把任何比他们社会体制落后的民族都视为野人或野蛮人。野人并不总是"高贵的"，但对于那些有幸与这些所谓的原始部族成员接触的人而言，通常会对这些人产生巨大的欣赏和赞美之情。19 世纪末，像社会达尔文主义这样残忍冷漠的理论能够获得一定流行度是令人惊讶的，但那是无知和恶意造成的。出于文化考虑的绝经，是俾格米人"利他主义"的一个典型例子。至少在一些特定的社会结构中，不同形式的"利他主义"是完全可以解释的，并且是符合自然选择机制的。

| 第二十二章 |
人类行为的理性和非理性

躯体、精神与灵魂。情绪与思想。忠诚与逻辑，以及这两者的局限。文化演进中的间断平衡。

我很尊敬哲学家和神学家，但我想说，他们有关人类精神、灵魂与人性的言论可能有些多余了，正如他们对人类行为的解释一样。之所以这么说，是因为他们没有考虑到人类精神系统运行的知识，更准确地说，是有关大脑的知识。而这些知识，正在神经生理学中十分艰难缓慢却持续不断地积累。柏拉图、亚里士多德、奥古斯丁、笛卡儿和他们的后继者们都探讨过上述话题，但他们的理论很快就过时了，无论是亚里士多德的物理学理论，还是托勒密的地理学理论，以及大部分哲学家的理论。为了开展对思想和情绪的科学研究，许多学科在通力合作。

目前，精神科学研究所处的阶段，与1950年前后遗传学研究所处的阶段类似。当时的科学家已经能够解释生命的运行机制，人们对遗传、繁衍和进化的机制已经十分了解，但是对于遗传物质的物理和化学结构仍然一无所知。同样地，如今人们正在研究控制思想、记忆和感情的机制，及其物理结构和化学结构。当这关键的一步完成之后，在几十年内，人类思想的秘密就能被探明和理解。在此之前，人类需要的是谦逊。人们应当放弃对观念、思想或情感本质解释的尝试，鉴于人类目前拥有的语言工具，还不足以用解剖学、分子学和新陈代谢理论术语，去解释这些现象。但是，我们已经对这些结构和它们的一些功能有了一定的了解。

19世纪初，神经解剖学家弗朗兹·约瑟夫·加尔[1]（Franz Joseph Gall）假设，精神活动可能在大脑的不同区域出现。加尔

---

[1]　弗朗兹·约瑟夫·加尔（Franz Joseph Gall），德国神经解剖学家、生理学家，率先研究了大脑中不同区域的心理功能。

的想法是有道理的，但他定位（头骨的突起部分）的方法是完全不恰当的。之后，随着解剖学、生理学、临床医学对于大脑疾病、精神创伤等问题研究的不断深入，精神活动的正确位置才得以确定。最近30年发展起来的电子检测技术，能够在不危害到实验对象的情况下，展开对不同生命体的研究。此外，也无须等待意外病变带来的症状出现后再开始研究。

大脑有着明确的功能分区，这一结论是正确的。首先，大脑外侧与内侧有着很清楚的区分。前者，即大脑皮层，人类的要比其他动物的发达得多，相较于人类的近亲也更为发达。大脑皮层负责控制最抽象的思想和语言。大脑最内侧部分，除了有连接不同区域的通道之外，还能够控制感情、做出决策，并向整个身体发号施令，以及负责执行决策。其次，就来到神经系统中最无意识的部分，如脊髓和末梢神经，部分独立于大脑和意志的神经中心，负责调节生命的不同中心，如循环系统、呼吸系统等。从进化的角度看，它们是最古老的生命机制。外部和内部的区分，可以大致与理性活动和非理性活动对应。前者很容易被认为是控制"哲学"的部分，即源自亚里士多德时代的"逻辑"。如今，与其说它是控制"哲学"，不如说是控制"数学"的部分（虽然我们还并不了解它）。但毫无疑问，许多人类活动是酶底物[1]的产物，它们源自更深层的刺激，看似是非理性的。我们尚未探明这些刺激的性质，但它们一定很接近于感情。此外，神经系统的许多功能

[1]　酶底物（英语：substrate；意大利语：substrati），在任何促酶反应中，一种反应物总是与酶形成紧密的复合物，这种反应物称为酶底物。（现代药学名词手册）

并不受我们意志的控制。需要说明的是，"非理性"的意思并不是"荒谬的"，而只是无意识的，即无须思考便可做出的。事实上，许多行为和反应都是自动的。它们是进化在我们体内编好的程序，能够指导我们的行为，为我们的生存和繁衍带来更优的结果。

很难完全鉴别那些能够对我们有益的情绪。事实上，情绪的性质到底是什么，我们尚不清楚。我们用恐惧、愤怒、勇气、喜悦、快感及许多其他的词来说明情绪，它们通过面部表情或其他方式（哭泣、微笑等）展现。自达尔文以后，我们知道，这些现象实际上是人类普遍共有的，并且在动物中同样存在，虽然与人类有着或细微或巨大的差别。情绪表达十分有用，可以用于社会交流，迅速准备动作以及做出反应（比如逃跑、挑衅等）。这些外在的、能够观察到的情绪的表达，毫无疑问是由内部的状态决定的，它们对人们的行为至关重要。最近几十年来，神经生理学的研究不断深入，无疑使我们能更好地理解人类行为中的这个部分。我在这里只讨论，如今如何能够解决这个问题的一小部分，即理性和情绪对人类活动的干预，能在多大程度上在行为表面的理性和非理性中体现出来。

生态学家达尼洛·马伊纳尔迪（Danilo Mainardi）是我在帕尔马讲授的第一门遗传学课的学生。他出版过一本书，标题是《非理性动物》（*L'animale irrazionale*），很明显他指的是人类（Mainardi，2001）。人类的大脑皮层比其他动物的发达，这不禁让人们思考，动物是否比人类缺乏理性，以及这是否为人类和动物的一个重大差异。但针对动物的心理学研究表明，平均而言，动物的行为还是十分理性的。此外，认为它们所有的行为都是无意识的，这种想法可能是错误的。动物的许多活动毫无疑问是理性的（意思是，动物从复杂的感觉出发，做出提高他们生存和繁衍可能性的合理行为），并且这些行为不一定是无意识的，而是通常在经过恰当的思考后，才做出的决定。罗纳德·费希尔爵士与两位比他年轻的同事，去伦敦博物馆看刚刚到来的黑猩猩。他发现黑猩猩一动不动，坐在围栏后面直直地盯着自己。他当时站在两个同事中间，是唯一一个留着络腮胡子和白色胡须的人。黑猩猩朝着费希尔脸上吐了一口唾沫。很明显，它想要表达被关在笼子里的"不满"。于是就向三人中最重要的那个，也就是站在它面前观察它的人表示了抗议。然而，我们有许多理由认为，我们的行为是明显的非理性反应（比我们愿意承认的更频繁），即它们不仅受到外部事件触发的情绪控制，还受到内部自发的、需要与情绪区别开来的冲动的控制。我们的情绪和冲动是非理性的，意思是它们通常不是有意识地思考而产生的，或者说不是完全由我们自身控制的。情绪和冲动产生于我们大脑内部最深、最古老的部分。毫无疑问，这是由基因决定的。大脑中存在一种古老的"推理"机制，这套程序由自然选择编写、修改，并受到自然选择的持续控制；它在早于人类出现的一系列动物中就已经存在，并且从整体上看，运行效果良好。但不能指望控制我们无意识行为的程序是完美的，它会被我们生活中发生的事件而改变，并且会不可避免地影响到我们的个性。可以认为，我们某种明显受到情绪和冲动控制的特殊行为，在某个特定的情况下是非理性的。但事实上，决定这个行为的遗传学基础是在进化的过程中建立的，受到自然选择的控制，因此又是合理的。

但是，这并不足以保证，在任何条件下，我们都能获得最佳的表现。此外，我们要使自身理性的部分，去决定和控制我们做某件事的时间和方式。人类最常见的冲动包括饥饿、口渴、愤怒、各种具体的欲望（性或其他方面）和由于意外的外部事件而带来的恐惧等感受，想要完整地列出一个上述感受之外的冲动清单，不是一件容易的事情。此外，不总是很容易区分冲动与情绪，以及其他一些更持久的心理状态，比如羡慕、嫉妒、憎恨、欣赏、爱情等。

或许神经生理学能够帮助我们理清这些分类。但在此之前，心理学已经通过两种方式来帮助分析：首先，建立一个性格分类，获取一些通常有关个体偏好和倾向的信息；其次，研究个体、社会、文化接受的标准（道德标准），因为它们指导着人们行为。通常，这些标准通过俗语或谚语的形式表达（所谓的民间智慧）。通过询问被测试的个体是否接受或欣赏特定的标准，可以对它们进行评价。当然，每一个使用问卷开展的心理学调查总是有局限的。这些限制取决于调查的条件与动机，同时也取决于被调查者的性格。

心理学家是骁勇善战的，他们经常在问卷中引入内部控制，用于保证调查的可靠性。但人们不能因此就完全相信任何个性测试、道德价值接纳测试、个人满足测试或自身态度测试。即使在测谎仪的协助下，这些测试的结果也并不可信。然而，这并不意味着，此类分析无益于观察、记录以及探明个体、社会、地区和国家的差异。我们想要说的是，需要对这类分析的结果保持辨别能力，并且谨慎接纳。[1] 可能在定义一种个性时，最重要同时也最难的部分是，弄明白一个人是否有能力，以及有多大能力理性地思考，并弄清楚哪些是他最敏感的非理性力量。

另一个一般性的问题，同时也是一个很有意思的问题（但从实际操作来看并不是很重要），是弄清楚个体的这些理性和非理性的倾向，是否有一个遗传学或社会文化学上的源头，以及这个源头是如何影响这些倾向的。事实上，这是个极为困难的问题。尽管人们为理解智商付出了很多努力，科学界在这个问题上还是分成了两派：一派认为智商几乎完全是遗传的；而另一派，就像我们之前提到的，认为有三种因素共同影响，并且三者比重相当，分别是生物遗传、家庭环境和社会文化环境（文化传递和个体智力发展过程中，出现的偶然性的外部因素影响）。我本人赞成第二种观点。智商是测量个体理性的一种合适的方式，但毫无疑问，这是一种针对表型的测试。也就是说，测试的结果不会告诉我们，个体真正的遗传学潜力是什么。换句话说，智商检测的更多的是个体通过教育和经验，在时间中积累的、实现的潜力。智商也可以检测个体在掌握一种需要比平均水平稍高的智力的工作能力，因此对于招聘员工是有用的，但它无法检测出对象可能的、杰出的表现（詹姆斯·沃森的智商并没有比普通人高出很多，但他却

_____

[1]　原句为拉丁语"cum grano salis"，本意为"加少许的盐"，转义为"谨慎地接纳某事"。

是 20 世纪最重大的发现的主角）。

　　惊人的天赋几乎总是集中表现在某一特定领域。每个人的智力很有可能都在某一方面特别发达，虽然他自己可能没有发现，并且或许永远也发现不了。只有极少数人，比如莱昂纳多·达·芬奇，他拥有杰出的天赋，让他能在很多领域留下传世的作品，从科学到工程学再到绘画。但是像他这样的人在世界历史上屈指可数。智商也无法很好地检测人类非理性的部分。有时这些非理性部分，在某些特定的领域，也具有积极的潜力。如今人们已经接受一个事实，那就是有一些精神疾病，比如精神分裂、狂躁抑郁症和某些偏执症，是非理性的表现，并且通常是病理性的（即会导致病人发狂）。但这些精神疾病却有助于一些特定的艺术和科学活动，能够提高人的形象思维（也就是人们所说的"增强想象力"）。由于身患精神疾病，有太多的画家和诗人在疯人院中度过了他们的部分人生，这里无须赘述，因为所有人都知道。我们只想举一个例子，数学家约翰·纳什（John Nash）获得过诺贝尔奖，但由于精神分裂，他一部分的人生就是在疯人院度过的。

　　我年轻时认为，人需要总是尽可能地保持理性，我现在仍然是这么想的，但信念已经远没有那么坚定了。我一直在想，就像逻辑学家皮耶尔乔治·奥迪弗雷迪 [1]（Piergiorgio Odifreddi）所说的那样，如果上帝存在的话，他应该是个数学家，意思是上帝一定拥有完美的理性。我的第一位遗传学老师，阿德里亚诺·布扎

---

[1]　皮耶尔乔治·奥迪弗雷迪（Piergiorgio Odifreddi），意大利数学家、逻辑学家、杂文作家。

蒂·特拉韦尔索说，上帝是人类最伟大的发明。遗憾的是，我在真实世界看到的和我在《圣经》里读到的，并不能提供任何保证，证明存在一个真正好的上帝。我自然希望上帝是好的，但我意识到，许多巨大的变化，尤其是社会变化，都源于强烈的、具有传染性的信仰。人们信仰佛陀、耶稣基督、穆罕默德或马克思，这些最伟大的宗教的创始人。可惜，所有这些系统都从来没有完美地运行过，就像所有的人类事物那样：它们从来没有、将来也不会完美地运行，会同时带来喜悦和痛苦。但创建这些体系的意图都是极好的。

政治中也出现过英雄。但从纯道德的角度看，这些政治英雄没有宗教的创始人们干净。因为在政治行动中很难避免错误，而且人们都知道，权力会导致腐败。经济和政治获得巨大的发展，通常是由于天才式的人物，但也不乏道德上肆无忌惮的人，即那些拥有非凡智力的人中，贪婪爱财的也不在少数。美国许多伟大的企业家（不只是在他们晚年的时候）推动了伟大的"艺术赞助"，[1] 他们创立了不同的基金会，对美国的科学和艺术领域产生了巨大影响。在这些企业家中，我们记得的有洛克菲勒、福特、卡内基、古根海姆和比尔·盖茨等。我得以开始在人类种群遗传学方面进行研究，要感谢来自洛克菲勒基金会提供的资金。我本人甚至都没有提出申请。20 世纪 50 年代初，这个基金会委派了一名官员前往欧洲寻找有前景的年轻科学家，目的是支持欧洲的科

---

[1]　"艺术赞助"（意大利语：Mecenatismo），本指文艺复兴时期各国君主或领主对艺术家的赞助，这里指普遍意义上的对艺术、文化、科学等领域的资助。

学研究，帮助欧洲从第二次世界大战后的灾难中恢复。像这样慷慨且有影响力的资助者在意大利从未出现过，但有一个特例——阿德里亚诺·奥利韦蒂 [1]（Adriano Olivetti），可能因为他是一个新教徒。意大利的天主教徒虽然在宗教层面相当具有怀疑精神，但可能正是为了让人们能原谅他们的宗教性缺失，他们通常更倾向于资助教会组织。

伟大的艺术家如果不是有信仰的支持，至少有一种非理性力量的支持，这种力量源自个人抱负和创造的欲望。同样的道理也适用于科学家。相较于艺术家，科学家出现反常的行为或病理性行为的风险可能更小，因为科学活动更多地致力于揭示事物真相。当然，有时候对名誉的渴望，会让一些科学家做出傻事。比如，伪造并不存在的发现，或为那些根本无法辩护的立场而辩护。这在一些科学论战中并不少见。但是，可以相当肯定地说，科学中的造假现象，属于孤立的、罕见的且绝对是病理性的事件。正常的科学发展注定会发现虚假的事物，人们对某项公布的新鲜事的兴趣越高，发现的速度也就越快。正因如此，一些后现代主义哲学家的批评是毫无依据的：他们认为科学活动完全被权力腐蚀，财团通过资助的方式控制科学研究，因此科学家无法发现任何真理。

虽然一定程度的理性，对维持健康的日常与社会生活是必要的，但非理性和特定的偶然性（可能只是一个简单但重要的遗传或文化突变）在决定人类文明的伟大转折中，扮演了十分重要的

---

[1] 阿德里亚诺·奥利韦蒂（Adriano Olivetti），意大利商人、工程师、政治家。

角色，无论这些转折是好是坏。承认这一点似乎也是很自然的。这些"伟大的转折"，可以被视为导致间断平衡的原因，即在一个相对短的时间内，一些变化迅速地扩展到一片广阔的区域（规则告诉我们，变化的速度不应当是缓慢的），从根本上改变当地的面貌。这些突然的变化，在文化演进和生物进化中都会出现。文化演进中最大的变化是语言的发展，它给现代人带来了成功，之后是农业、金属、文字、银行和医学的出现。我把银行放在其中可能会让读者感到惊讶。但是我们要记得，意大利的文艺复兴是在托斯卡纳兴起的，而托斯卡纳之所以能够成为富裕的国家，正是依靠佛罗伦萨政府向欧洲的君主们（正是英国人的破产，导致了巴尔迪家族和佩鲁齐家族[1]银行的破产）发放贷款而积累的财富。接着，佛罗伦萨又把挣得的钱投资到了艺术和文化之中。威尼斯也是通过类似的方式，为文艺复兴做出了巨大贡献。威尼斯投资建设的大学位于帕多瓦，这所大学给了伽利略他应得的支持。只是后来伽利略想要回到故乡，才导致这位伟大科学家的运气急转直下。此外，梵蒂冈并不是出于宗教上的顾虑，才给伽利略带来屈辱和牢狱之灾，而是因为天主教里有权势的政客们一时的兴致，他们是亚里士多德（伟大的百科全书编纂者，但却是糟糕的科学家）思想的囚徒。最后，对于400年后教皇向伽利略道歉的行为，不知道我们应该是为此感到欣慰，还是可悲。

---

[1]　巴尔迪家族（Bardi）和佩鲁齐家族（Peruzzi）是13—14世纪意大利佛罗伦萨重要的金融家族。

| 第二十三章 |
创新的代价与裨益

每一项创新都能带来益处，但每一项创新也有难以预估的代价。代价是不同性质的，但主要转嫁给了环境。人们为药物花费了大量金钱，就像人们为工业发展投入了巨资，这些成本都是难以预判的。我们目前生活在一个持续快速发展的科技时代，但种群内部及种群之间的社会多样性似乎并没有减少。

人类最主要的需求，排在吃和住之后的便是对能量的需求。自远古时代以来，人类就用木材生火，这种获取能源的方式导致了最近 2000 年来大部分森林的消亡。直到 1000 年前，欧洲超过 50% 的土地还是被森林覆盖的。而如今这些土地，几乎完全被农作物或草地占据了。畜牧业的发展造成对植物群的破坏，产生了恶地[1]和沙漠化，使任何植物都无法生长。自工业革命开始后，西方世界广泛增加了对煤炭的使用（事实上，史前人类已开始使用煤炭），导致了 19 世纪的天空和视野一片昏暗。此外，还造成了英国佝偻病的流行。这种骨骼疾病是由于缺乏维生素 D 造成的。

对石油及其衍生品的使用部分取代了煤炭，但空气质量却因新燃料的使用而恶化。电力大范围取代了煤炭和石油，但是火力发电仍然需要石油。水力发电的危害性较小，但是产能不足（此外，由决堤造成电力的突然中断，会使整个城市陷入瘫痪）。最后一种能量来源——核能，也有它的弊端，其中一些甚至十分严重。除了可能出现的核事故之外，还有放射性残渣的问题，以及出于恐怖主义目的，利用核电技术制造原子弹的风险等。意大利在 1987 年举行的全民公投中决定放弃核能，但意大利人却不得不花钱从法国的核电站购买能源。

任何发明都不是只带来好处，人们也需要为之付出代价。宗教在建立之初，是出于好的意图和目标，但之后宗教却导致了人

---

[1] 恶地（Badlands），是指松软沉积岩和富含黏土的土壤大范围的被风和水侵蚀后的干燥地势。

类文明史上一些前所未见的恐怖战争。人类最重大的成就可能是医学。这是一种十分古老的成就，鉴于所有最"原始"的民族都有他们的传统医学，且至今我们仍在使用。在现代医学出现之前（现代医学的开端可以追溯到天花疫苗发现之时，也就是18世纪末。当时拿破仑已经给他的军队用上了疫苗），传统医学已经制成了如今我们仍在使用的，或至少不久前还在使用的药物。比如，治疗发烧、疟疾的奎宁（现在我们用来缓解肌肉抽筋）、用于手术的箭毒（和奎宁一样原产美洲）、白花羊角拗（至今喀麦隆的俾格米人还会在森林中采摘这种植物）还有士的宁（已经不再使用）等。上述列举的药物中，有一些被少数幸存下来的采集狩猎者用作箭毒。

很长时间以来，天花疫苗是唯一依据现代医学方法论开发的治疗手段。路易·巴斯德[1]（Louis Pasteur）和罗伯特·科赫[2]（Robert Koch）发现了天花疫苗，在19世纪中叶开始广泛投入使用。这两位科学家创立了现代微生物学，为约瑟夫·李斯特[3]（Joseph Lister）的研究打下基础（他推广了手术室中预防感染的消毒技术和预防技术），也为19世纪末期发展起来的免疫学与化学疗法奠定了基础。随着乙醚和氯仿的发现，在古埃及和古罗马时期就已经发展起来的外科医学，终于用上了麻醉剂。事实上，

---

[1]　路易·巴斯德（Louis Pasteur），法国微生物学家、化学家，微生物学的奠基人之一。

[2]　罗伯特·科赫（Robert Koch），德国医师兼微生物学家，因发现炭疽杆菌、结核杆菌和霍乱弧菌而出名，发展出一套用以判断疾病病原体的依据——科赫氏法则。

[3]　约瑟夫·李斯特（Joseph Lister），英国外科医生，外科手术消毒技术的发明者和推广者。

第一起由微生物感染致病的案例，是阿戈斯蒂尼·巴西[1]（Agostino Bassi）在帕维亚记录的。此外，他还描述了如何治愈感染疾病。但巴西记录的是由于一种菌类感染导致的桑蚕致病的案例，因此并没有获得像发现第一起在人身上的感染病例那样的知名度。现代医学已经显著减少了所有年龄段人群的死亡率，尤其是婴儿的死亡率（出生第一年），降低了 20%—30%。人们乐观估计，人类寿命的期望值可能达到 120 岁，但这种预判未必能够成真。实际上，只有老年时代的健康状况得到真正的改善，人类的平均寿命才能增长。目前的百岁老人主要是女性（根据国家的不同，这个比例从 2/3 到 4/5 不等），通常都遭受着疾病的困扰。这给他们的生活质量带来了不小的影响，同时这也在一定程度上影响了他们配偶的生活。当然也存在极少数的百岁老人，仍然保持着极高的产出，比如丽塔·列维·蒙塔尔奇尼[2]（Rita Levi Montalcini）。

我们所有人都见证了医学的进步，以及由此给我们健康带来的巨大改善，至少在一些经济发达的国家是这样的。在西方世界和日本之外的国家，死亡率下降的平均水平要低很多，但这也足以带来目前人口的快速增长。在一些发展中国家，人口数量几乎每过一代就会翻倍。新科学手段的运用，使人们为健康付出的代价急速增长。对医学的投入仍在不断地增加，因为遗传学疾病治疗的成本，占用的医疗投入比重越来越大。许多可治愈的疾病一

---

[1]　阿戈斯蒂尼·巴西（Agostino Bassi），意大利博物学家、植物学家，现代细菌学研究的先驱。

[2]　丽塔·列维－蒙塔尔奇尼（Rita Levi-Montalcini），意大利神经生物学家、医生。与同事史丹利·科恩获得 1986 年诺贝尔生理学或医学奖。

部分是遗传性的，因此，对这些疾病的治疗，会带来此类病人数量的增长。幸运的是，只要医学治疗的水平不下降，迫于高昂医疗费用，或经济社会的灾难，增加病人的比例，也就是治愈病人的比例。无法治愈的病人数量不会增加，因为自然选择会把这个数量维持在较低水平。事实上，文化演进"发明"了一些手段，能减少甚至避免身患无法治愈的遗传病或只能部分治愈、治愈效果很差的疾病的胎儿降生。医生向母亲提出建议，在母亲愿意接受的前提下，通过胚胎检查和终止妊娠，可以避免患病儿的出生。但许多信徒众多的宗教和国家，还没有像意大利一样，允许出于医学目的的堕胎，很多人仍持反对意见。这样一来，如果检查发现，子女可能患有严重疾病（实际上，唯一能够通过产前检查或孕前检查诊断出的疾病，就是那些遗传性疾病），那留给夫妻的选择只有一个，即放弃生育。而这对于夫妻双方而言，无疑是一个艰难的决定。

现在开始流行另外一种策略：如果两人发现，可能会产下患有无法治愈的疾病的子女，在无法通过自然条件生下孩子，并且没有条件领养孩子时，避免这两人的婚姻。实际上，这种策略在没有堕胎可能性的情况下，是值得推荐的。但根据我们的了解，到目前为止，避免婚姻的做法限于少数疾病，并且限于某些特殊的情况，即在两个家庭中，有一个或者两个都发现了确凿的遗传性疾病。在意大利采用这种策略（并且有的时候真的采取了）的主要是地中海贫血症患者，这种疾病在意大利一些大区十分流行（在撒丁岛大部分以及费拉拉省，有1%的新生儿罹患这种疾病）。

实际上在所有疟疾出现的地方，都能查到这种疾病。如今地中海贫血症已经可以治愈了，虽然治疗手段很烦琐。比如通过近亲（最理想的是兄弟）捐赠的骨髓移植手术，但最好的治疗手段仍是预防性堕胎。如今天主教还没有完全接受这种有益的手段，还会出现反对的声音。但幸运的是，在上述疾病多发地区，罹患地中海贫血症的新生儿的出生率已经保持在极低水平。因为在这些地方，更容易推广针对可能患病胎儿的检测。囊肿性纤维化在整个意大利都有分布，每 2000 个新生儿中，就有 1 例患有此病。这种疾病能够部分治愈，但是患者平均会死于 30 岁左右。

自弗朗西斯·高尔顿时代以来，人们对"优生学"就展开了许多讨论。有两种形式的"优生学"，分别是"积极优生学"，也就是鼓励生育优良子女；以及"被动优生学"，即避免患病孩子的出生。美国北部的许多州曾通过立法规定，患有遗传性疾病的病人需要接受绝育手术，但现在已经不再实行了。罗马人还推行过更为残酷的手段——屠杀畸形儿，把他们从"塔培亚之岩"[1] 上扔下去。如今，为避免遗传病，意大利也允许提前终止妊娠，实施标准依照怀孕前三个月对胎儿诊断的结果。对于母亲而言，这种做法能够降低风险；对于子女而言，则相当于自然选择，在出生前就被淘汰。另外，最好的策略是，永远不要通过法律强制推行

——————————

[1]　"塔培亚之岩"讲述的故事是，在罗马人趁节庆抢夺萨宾族妇女后，萨宾企图攻打罗马城。塔培亚贪图萨宾人的黄金贿赂，打开城门放他们入城。但是塔培亚打开城门后，萨宾人用盾牌打死塔培亚。她是这场战争中唯一的牺牲者，因为当萨宾人与罗马人即将开战时，被罗马人劫走的萨宾妇女，抱着她们与罗马人生下的婴儿前来阻止冲突发生，双方最后握手言和。萨宾人把塔培亚从一块巨岩上扔下去，这块巨岩被称为塔培亚之岩（The Tarpeian Rock）。

提前终止妊娠，而是让需要它的人能够采取这种手段。通过传播这方面知识，让所有人，主要是未来的妈妈们，能够在需要时采取这种手段。

在美国有一些"积极优生学"的热衷者，他们收集"成功人士"（通常是诺贝尔奖获得者）的精子，置于低温下保存，再把精子卖给那些想生下杰出子女的女性。我不知道是否能够得到此类实验的结果。因为像这样的实验，总是有特定的行业秘密需要遵守。但不管怎样，实验需要很长的时间，为了让"试验产品"能有时间展示出他们的才能。一位斯坦福大学的工程学教授，诺贝尔奖获得者，协助此项研究。在签署协议前，这位教授与双方的律师见面，就一个话题展开了讨论。大家都知道，有相当比例表面上健康的父母，生下的孩子却有可能罹患严重的疾病。此外，这些疾病中有一些潜伏期很长（比如，精神分裂或狂躁抑郁症。还有许多的精神疾病，无法通过产前检查诊断出来，它们通常需要很长时间才会表现出来。一旦发病，病人就需要被收院治疗，并且通常是永久的收治）。其中一个律师提出的问题是，如果孩子遗传性疾病发作，出现了可能需要被永久收院治疗的情况，那医疗费用应当由孩子父母哪一方承担呢？讨论到这一点，双方的对话就终止了。这种情况有非常现实的可能性。有一个（很知名的）例子，詹姆斯·沃森——DNA结构的发现者，他的儿子就患有精神分裂症。

很难客观地评价人类的平均幸福水平是否得到了提高。科技取得了巨大的进步，这一点毋庸置疑，而科技进步在很大程度上确保人类拥有更长的预期寿命，以及更舒适安全的生活。但人们很容易忘记以前的生活是多么的艰难，尤其在一些特定的时期。第一次世界大战期间，我的母亲在烛光和油灯下学习。最常见的天主教诗词是祈求"天上的慈父"赐予我们每天的面包。事实上，过去面包可能是唯一能够获取的食物，并且还时常匮乏。在世界不少地方，食物匮乏仍是人们每天要面对的现实。在一个种群中，不同的社会阶层之间存在巨大的社会经济条件上的差异，而不同种群间的差异就更大了。可是人们还是可以期望（除去一些特别不利和无法预测的时期），如今经济发达的国家中人民享受的福利（其实即使在这些国家中，每个社会阶层能够获取的福利也并不相同），能够扩展到全世界，无论扩展的速度有多慢。但俗话说，一旦获得了这些福利之后，只有在失去时，才会意识到它们的存在。一些人短时期放弃舒适的现代生活，决定去度过一次"特别的"假期；或者有一些隐士，他们决定在人烟稀少的地方生活；再或者一些僧侣，遵守着严苛的清规戒律度一生。事实上，我从来没有听到过任何人抱怨自己的寿命延长了。虽然有一些百岁老人（或照顾他们的人）会怀疑，活到这么大的年龄是否值得。事实上，这只取决于人们变老之后的生活质量，而这一点就因人而异了。衰老以及一些疾病（年轻人也会罹患的疾病）会给生活带来巨大的压力。在特殊情况下，提供安乐死可能是正确的。在荷兰一些相对保守的城市，获得安乐死的权利可能要比离婚和堕胎更加困难。但是困难也是有道理的，因为这很容易导致安乐死的滥用。

　　毫无疑问，许多人的生活变得越来越舒适，收入越高舒适程度就越高。前面提到，我们获得的舒适生活，只有在失去的时候，才会引起我们的注意。无论是短时间或是长时间地失去，只有在这个时候人们才会意识到，生活原来可以那么艰难。总而言之，人们能很快地适应生活质量的改善，并且一旦度过生活的困难期后，很容易就会忘记之前的焦虑。或许每个人遗忘的能力也存在很大的差异。拿我的生活条件（我自认为是很好的）与那些生活在非洲赤贫的人、采集狩猎者或农民的生活相比较，我并没有感受到我们的幸福感有什么明显的差别，尤其是与采集狩猎者相比。实际上，他们不使用钱，极少数生存至今的部落仍不使用钱。因此，虽然在与外界接触的过程中会使用到钱，钱也很吸引他们，但是他们不会去想着怎么稳定地挣钱。然而，他们的文化中都有极好的舞蹈和音乐，并且他们热爱自己的音乐胜过我们的。他们的社会活动（舞蹈、表演等）有很高的参与度，并能让所有人都乐在其中。农民会不可避免地用到钱，因为他们要交税。而且他们会生产一些产品，主要是食物，用于交换或放到市场上出售。农民显示出了对私有财产的渴望（这一点我们很了解），他们希望能够购买便携的小收音机、自行车、摩托车和照相机，以及廉价的家用照明设备。但只有极少数人表现出了对提高购买力的兴趣和能力。事实上，除非迁移到其他城市，否则他们没有很多机会和可能性，去提高自己的购买力。

虽然许多哲学家和宗教领袖尝试教导我们什么是幸福，但人们还是无法完全理解幸福的含义。一些宗教认为，现世的生活无法获得幸福，只有等到来世才能获得，以作为很好地度过一生的补偿。一些宗教会教授一些方法，让人们能够在现世的生活中，也可以获得足够的幸福。毫无疑问，幸福是多样性的。这个多样性中的一部分可能是遗传造成的，但很难用令人信服的方式证明。尤其是，很难去测量幸福，但又很容易认识到，幸福是一个重要的衡量标准。就我个人的经历而言，我认为如果有可能的话，选择一个你喜欢的事业，是保障幸福生活最好的方式，并且越早做出选择越好。如果意识到选错了，就去改变。青年阶段是做出第一个选择的最好时期，因为这个阶段，人们会被太多事情分散注意力。此外，许多你喜欢的选择，家里可能不具备满足的条件。在求学阶段最后几年，优秀的专业顾问也许能帮助你做出选择。

对人类而言，最主要的结论是，文化演进比生物进化更加重要，并且在个体身上更容易管理。因为文化演进更迅速，而且很大程度上取决于我们自身。

但文化和政治的演进也为人类文明的发展画下了一个巨大的问号。发明与科技进步作为文化演进的具体表现，也可能带来巨大的危险。比如，各种性质的恐怖主义，尤其是核威胁。由于惧怕像阿道夫·希特勒这样的疯子奴役世界，原子弹才被发明出来；但更大的危险是，即使在一个小国里，如果出现一位掌权的危险政客，或者只是一个权力足够大的官员，就有可能制造核灾难。如果威力足够大，释放出的核辐射将危害到整个世界，可能因此造成整个人类的灭亡。如果这样的事情真的发生了，我们又能说些什么或做些什么呢？

参考文献

Ammerman, Albert J. e Paolo Biagi (a cura di) (2003), *The Widening Harvest*, Archaeological Institute of America, Boston.

Barbujani Guido e Robert Sokal (1990), *Zones of Sharp Genetic Change in Europe Are also Linguistic Boundaries*, in "Proceedings of National Academy of Science",usa, 87, pp. 1816-1819.

Barker, Ernest (a cura di) (1947), *The Character of England*, Clarendon Press, Oxford.

Bocchi, G. e M. Ceruti (a cura di) (2001), *Le radici prime dell'Europa*, Bruno Mondadori,Milano.

Bowles, S. (2004), *Microeconomics. Behavior, Institutions, and Evolution*, Princeton University Press, Princeton.

Cann, Howard M. et al. (2002), *A Human Genome Diversity Cell Line Panel*, in"Science", 296, p. 261.

Caprara, G.V. e D. Cervone (2000), *Personality, Determinants, Dynamics, and Potentials*, Cambridge University Press, Cambridge.

Cavalli Sforza, Luigi Luca (1971), *Similarities and Dissimilarities of Sociocultural and Biological Evolution*, in F.R. Hodson, David G. Kendall e P. Tautu (a curadi), *Mathematics in the Archaeological and Historical Sciences*, Edinburgh University Press, Edinburgh, pp. 535-541.

Cavalli Sforza, Luigi Luca (1976), *Introduzionealla Genetica Umana*,

Mondadori, Milano.

Cavalli Sforza, Luigi Luca (1986), *African Pygmies*, Academic Press, Orlando.

Cavalli Sforza, Luigi Luca (1996), *Geni, popoli e lingue*, Adelphi, Milano.

Cavalli Sforza, Luigi Luca (1997), *Genetic and Cultural Diversity in Europe*, in"Journal of Anthropological Research", 53, pp. 383-404.

Cavalli Sforza, Luigi Luca (1997a), *Genes,Peoples, And Languages*, in "Proceedings of National Academy of Science", usa, 94, pp. 7719-7724.

Cavalli Sforza, Luigi Luca (1998), *The dna Revolution in Population Genetics*, in"Trends in Genetics", 14, pp. 60-65.

Cavalli Sforza, Luigi Luca e Albert Ammerman (1984), *The Neolithic Transition and the Genetics of Populations in Europe*,Princeton University Press, Princeton[trad. it. *La transizione neolitica e la geneticadi popolazioni in Europa*, Bollati Boringhieri, Torino 1986].

Cavalli Sforza, Luigi Luca e Walter Bodmer (1971), *The Genetics of Human Populations, Freeman, San Francisco*; 2ªedizione Dover Publications, Mineola 1999.

Cavalli Sforza, Luigi Luca e Walter Bodmer (1976), *Genetics, Evolution, and Man*, Freeman, San Francisco [trad. it.*Genetica, evoluzione, uomo*, Mondadori,Milano 1977].

Cavalli Sforza (1993), *Chi siamo. La storiadella diversità umana*, Milano, Mondadori.

Cavalli Sforza (2004), *Perché lascienza*,Milano Mondadori.

Cavalli Sforza, Luigi Luca e Marcus W. Feldman (1973), *Cultural Versus Biological Inheritance: Phenotypic Transmission from Parents to Children*, in "Human Genetics", 25, pp. 618-637.

Cavalli Sforza, Luigi Luca e Marcus W. Feldman (1981), *Cultural Transmission and Evolution, A Quantitative Approach*, Princeton University Press, Princeton.

Cavalli Sforza, Luigi Luca e Marcus W. Feldman (2003), *The Application of Molecular Genetic Approaches to the Study of Human Evolution*, in "Nature

Genetics Supplement", 33, pp. 266-275.

Cavalli Sforza, Luigi Luca, Paolo Menozzie Alberto Piazza (1994), *History and Geography of Human Genes*, Princeton University Press, Princeton [trad. it. *Storia egeografia dei geni umani, Adelphi*, Milano1997].

Cavalli Sforza, Luigi Luca, E. Minch e J.L.Mountain (1992), *Coevolution of Genesand Languages Revisited*, in "Proceedings of National Academy of Science", usa, 89, pp. 5620-5624.

Cavalli Sforza, Luigi Luca, Paolo Menozzie Alberto Piazza (1993), *Demic Expansions and Human Evolution*, in "Science", 259, pp. 639-646.

Chiaroni, Jacques, Peter Underhill e LuigiLuca Cavalli-Sforza (2009), *Y Chromosome-Diversity,Human Expansion, Driftand Cultursal Evolution*, in "Proceedings of National Academy of Science", usa, 106, pp. 20174-20179.

Cipolla, Carlo Maria (1988), *Saggi di storiaeconomica e sociale*, il Mulino Bologna.

Darwin, Charles (1859), *On the Origin of Species by Means of Natural Selection or the Preservation of Favored Races in the Struggleof Life*, John Murray, Londra [trad. it.*L'origine delle specie*, Bollati Boringhieri,Torino1967].

Dawkins, Richard (1976), *The Selfish Gene*, Oxford University Press, Oxford [trad. it. *Il gene egoista*, Mondadori, Milano1994].

Diamond, Jared (1997), *Guns, Germs,and Steel. The Fates of Human Societies*, W.W. Norton & Co., New York [trad.it. *Armi, acciaio e malattie*, Einaudi, Torino1998].

Diamond, Jared e P. Bellwood (2003), *Farmers and Their Languages: The First Expansion, in "Science"*, 300, pp. 597-603.

Fisher, Ronald Aylmer (1930), *The Genetical Theory of Natural Selection*, Oxford University Press, Oxford; 2^a edizione Dover, New York 1958.

Flint, Kate e Howard Morphy (a cura di) (2000), *Culture, Landscape, and the Environment*, Oxford University Press, Oxford.

Gadgil, Madhav e Ramachandra Guha (1992), *This Fissured Land. An Ecological History of India*, Oxford UniversityPress, Nuova Dehli.

Ginzburg, Carlo (1976), *Il formaggio e i vermi:il cosmo di un mugnaio del Cinquecento*, Einaudi, Torino.

Glazer, Nathan e Daniel P. Moynihan (1975), *Ethnicity. Theory and Experience*, Harvard University Press, Cambridge.

Gombrich, Ernest H. (1966), *The Story of Art* by E.H. Gombrich, Phaidon Press. Londra [trad. it. *La storia dell'arte raccontatada Ernst H. Gombrich*, Leonardo Arte, Milano 2002].

Greenberg, Joseph H. (1987), *Language in the Americas*, Stanford University Press, Stanford.

Guglielmino, Rosalba, Carla Viganotti, Barry Hewlett e Luigi Luca Cavalli Sforza (1995), *Cultural Variation in Africa:Role of Mechanisms of Trasmission and Adaptation*, in "Proceedings of National Academy of Science", usa, 92, pp.9585-9589.

Guidi, Alessandro e Marcello Piperno (a cura di) (1992), *Italia preistorica*, La-terza, Bari.

Hägerstrand, Torsten (1967), *Innovation Diffusion as a Spatial Process*, Chicago University Press Chicago.

Hewlett, Barry S. e Luigi Luca Cavalli Sforza (1986), *Cultural Transmission Among the Aka Pygmies*, in "American Anthropologist", 88, pp. 922-934.

Hewlett, Barry S., Annalisa De Silvestri eRosalba Guglielmino (2002), *Semes and Genes in Africa*, in "Current Anthropology", 43, pp. 313-321.

Hofstede, Geert (2001), *Culture's Consequences.Comparing Values, Behaviors, Institutions, and Organizations Across Nations*, Sage Publications, Thousand Oaks.

Husen, Torsten (1974), *Talent, Equality and Meritocracy*, The Hague, Martinus Nijhoff.

Jencks, Christopher (1972), *Inequality. A Reassessment of the Effect of Family and Schooling in America*, Harper & Row, New York.

Kemp, Martin (1990), *The Science of Art: Optical Themes in Western Art from Brunnelleschito Seurat*, Yale University Press, New Haven [trad. it. *La scienza dell'arte: prospettiva e percezione visiva da Brunelleschia Seurat*, Giunti, Firenze 1994].

Lamarck, Jean-Baptiste (1809), *Philosophiezoologique, ou exposition des considérationsrelatives à l'histoire naturelle des animaux*, Dentu, Parigi [trad. it. *Filosofia zoologica* (prima parte), Le Monnier, Firenze1976].

Lee, Richard B. and Irven De Vore (1968), *Man the Hunter*, Aldine, Chicago.

Li, J.Z. et al. (2008), in "Science", 319, pp. 1000-1004.

Livi Bacci, Massimo (1977), *A History of Italian Fertility during the Last Two Centuries*, Princeton University Press, Princeton [trad. it. *Donna, fecondità e figli. Due secoli di storia demografica italiana*, ilMulino, Bologna 1980].

Mainardi, Danilo (2001), *L'animale irrazionale: l'uomo, la natura e i limiti della ragione*, Mondadori, Milano.

March, James G., Martin Schulz e XueguangZhou (2000), *The Dynamics of Rules: Change in Written Organizational Codes*, Stanford University Press, Stanford.

Moretti, Franco (2004), *Graphs, Maps, Trees: Abstract Models for Literary History*, in "New Left Review", 24, 26.

Mountain, Joanna L. e Luigi Luca CavalliSforza (1994), *Inference of Human Evolutionthrough Cladistic Analysis of Nucleardna Restriction Polymorphisms*, in "Proceedingsof National Academy of Science", usa, 91, pp. 6515-6519.

Mountain, Joanna L., Alice A. Lin, Anne M. Bowcock e Luigi Luca Cavalli Sforza (1992), *Evolution of Modern Humans: Evidence from Nuclear dna Polymorphisms*, in "Philosophical Transactions of the Royal Society of London: Biological Sciences", 337, 1280, pp. 159-165.

Moynihan, Daniel Patrick (1993), *Pandaemonium: Ethnicity in International Politics*, Oxford University Press, Oxford.

Murdock, George P. (1967), *Ethnographic Atlas*, Pittsburgh University Press Pittsburgh.

Norton, William (2000), *Cultural Geography: Themes, Concepts, Analyses*, Oxford University Press, Don Mills, Ontario.

Odling-Smee, F. John, Kevin N. Laland eMarcus W. Feldman (2003), *Niche Construction*, Princeton University Press, Princeton.

Pounds, Norman J.G. (1994), *The Culture of the English People*, Cambridge University Press, Cambridge.

Procacci, Giuliano (2000), *Storia del xx secolo*, Bruno Mondadori, Milano.

Putnam, Robert D. (1993), *Making Democracy Work. Civic Traditions in Modern Italy*, Princeton University Press, Princeton.

Ramachandran, S., O. Deshpande, C.C. Roseman, N.A. Rosenbert, Marcus W. Feldman e Luigi Luca Cavalli Sforza (2005) *Support for a Serial Founder Effect Originating in Africa, Using the Relation Between Genetic Distance and Geographic Distance in Human Populations*, in "Proceedings of National Academy of Science", usa, 102, pp. 15942-15947.

Renfrew, Colin (1987), *Archaeology and Language: The Puzzle of Indo-European Origins*, Jonathan Cape, Londra.

Russell, Bertrand (1945), *The History of Western Philosophy*, Simon & Schuster, New York [trad. it. *Storia della filosofia occidentale*, Longanesi, Milano 1966].

Schrödinger, Erwin (1945), *What is Life?The Physical Aspect of the Living Cell*, Cambridge University Press, Cambridge [trad. it. *Che cos'è la vita? La cellulavivente dal punto di vista fisico*, Adelphi,Milano 2001].

Todd, Emmanuel e Herve Le Bras (1981), *L'invention de la France*, Livre de Poche, Parigi.

Wilson, Edward O. (1975), *Sociobiology. The New Synthesis*, Harvard University Press, Harvard [trad. it. *Sociobiologia. Lanuova sintesi*, Zanichelli, Bologna 1979].